JN084460

入門 埋蔵文化財と考古学

水ノ江和同

同成社

まえがき

日本では、毎年約8,000件の発掘調査がおこなわれています。これは文化財保護法によって規定された日本独自のルールに基づくもので、世界的にみても突出して多い件数になっています。この発掘調査のスタイルが確立したのは、第4章で詳述するように1964（昭和39）年2月に文化財保護委員会（1968年から文化庁）が関係省庁に発出した通知からとされ、現在まで約半世紀余りの月日が経過しました。

発掘調査を直接におこなっている人は、その大部分が地方公共団体や法人調査組織に所属する埋蔵文化財専門職員です。埋蔵文化財専門職員の多くは、大学で考古学や歴史学を学び、地方公共団体や法人調査組織の専門的な採用試験を受験し採用されます。つまり、大学や大学院で考古学的な知識と技術を学んだ学生が、それを活かすべく埋蔵文化財専門職員という職業を選択するのです。

ところで、その学生たちが埋蔵文化財保護に関する行政の仕組みや具体的な業務内容を学ぼうとしても、それを網羅的に説明した入門書はなかなか見当たりません。本書の目的の一つは、埋蔵文化財保護行政に興味のある学生たちにその内容をわかりやすく説明し、それが魅力ある世界であることを伝えることにあります。

もう一つの目的は、実際に埋蔵文化財保護行政に携わるさまざまな立場の方々に、やや複雑にみえる埋蔵文化財保護行政の仕組みやその進め方などについて、より実践的かつ具体的にわかりやすく説明することです。日本の埋蔵文化財保護行政は、文化庁が示す多くの標準的な考え方に基づき、地方公共団体がそれぞれの埋蔵文化財の地域性を考慮し、これまで育んできた考え方や実績に基づきながら進めてきました。しかし、半世紀余りに及ぶ年月の経過によりその内容は細分化と多様化が進み、複雑になっているのも事実です。

以上のことを踏まえ本書では、考古学的な手法による「発掘調査」を基盤とする埋蔵文化財保護行政について、考古学との関係性という観点から考えてみました。これにより、埋蔵文化財保護行政と考古学研究が一体となり、より良き方向へ進むことに少しでも寄与することができれば幸甚であります。

目　次

［凡例］

・「文化財保護法」については、初出のみ「文化財保護法第○条」と表記し、以降は「法第○条」と表記した。

・1964（昭和39）年2月10付文委記第14号、文化財保護委員会事務局長から建設省官房長以下開発関連事業省庁宛て通知「史跡名勝天然記念物および埋蔵文化財包蔵地等の保護について」は初出のみ正式名称で表記し、以降は「1964年2月文化財保護委員会事務局長通知」と表記した。

・1998（平成10）年9月29日付文化庁次長から都道府県教育長宛て通知「埋蔵文化財の保護と発掘調査の円滑化について」は、初出のみ正式名称で表記し、以降は「平成10年通知」と表記した。

・文化庁の通知や報告の文章と文言は原文のまま引用しているため、本書で使用する送り仮名などとは異なる場合がある。

入門　埋蔵文化財と考古学

第1章　そもそも埋蔵文化財ってなに？

1. 埋蔵文化財の「いろは」

埋蔵文化財は文化財？　遺跡？

そもそも埋蔵文化財とは、どういう文化財なのでしょうか。それは遺跡のことなのでしょうか。あるいは遺物のことなのでしょうか。少し硬い話になりますが、文化財保護法からこの問題を考えてみましょう。

文化財保護法第2条（第3章第1節）は「この法律で「文化財」とは、次に掲げるものをいう。」という定義に関する内容になっていますが、「埋蔵文化財」の文字は存在しません。しかし、第1項では「考古資料」を、第4項では「貝づか、古墳、都城跡、城跡、旧宅その他の遺跡」が挙げられています。考古学を勉強した人なら、「考古資料」は遺物のこと、「貝づか、古墳、都城跡、城跡、旧宅その他の遺跡」は総じて遺跡のことと考えるでしょう。

さて、「埋蔵文化財」について唯一明確に定義づけている文章は、法第92条第1項（参考資料1・127頁）の「土地に埋蔵されている文化財」です。土地に埋蔵されている文化財だから「埋蔵文化財」、まさにその通りです。ところが、法第93条第1項では「貝づか、古墳その他埋蔵文化財を包蔵する土地として周知されている土地（以下「周知の埋蔵文化財包蔵地」という。）」という文章が、法第96条には「貝づか、住居跡、古墳その他遺跡」という文章があることから、どうも埋蔵文化財と遺跡は同義語であり、条文の内容や説明の仕方に応じて使い分けられていることがみえてきます。また、法第96条以降では「出土品」や「埋蔵物」（民法第241の「埋蔵物」のこと）という文言が出てきますが、これらには考古学でいうところの「遺物」も含まれると考えられます。やはり条文の説明の仕方に応じて使い分けがおこなわれていますが、法第100条に「発掘により文化財を発見した場合…」という文章があることや、法第104条に文化財の説明として「埋蔵文化財の調査のための土地の発掘により発見したもの」という文章があることから、「遺物」も「埋蔵文化財」に含まれます。

つまり「埋蔵文化財」とは考古学でいうところの「遺跡」と「遺物」の総称ということになります。なお、「遺構」に相当する文言は文化財保護法には出てきませんが、考古学的には遺構は遺跡の構成要素ですから、やはり遺構も広義の埋蔵文化財に含まれるということができます（図1）。

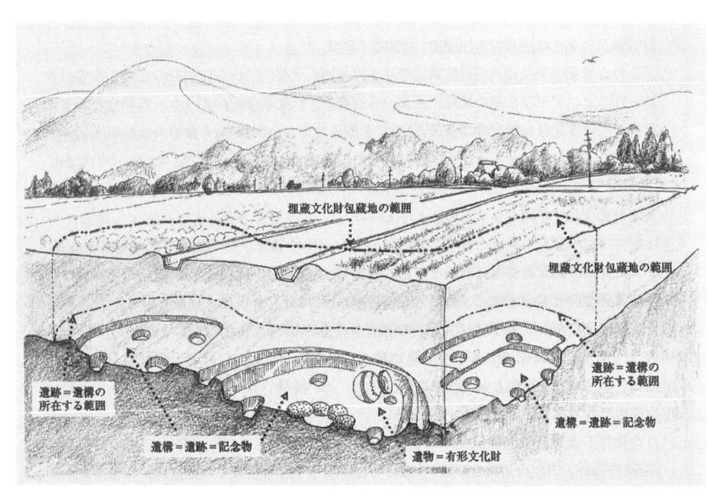

図1　埋蔵文化財の概念図（和田勝彦 2015『遺跡保護の制度と行政』同成社）

語源と定義

「埋蔵文化財」を辞書で調べると、「土地や水面下に埋蔵されている考古学的な遺跡・遺構・遺物のこと。本来、文化財保護法の用語。」となっています（広辞苑第7版）。やはり埋蔵文化財は文化財保護法独自の用語（造語？）のようです。

埋蔵文化財の文字が初めて登場するのは、1950（昭和25）年に制定された文化財保護法であり、「重要文化財以外の有形文化財」の中で「埋蔵物たる文化財」と定義づけられました。しかし、これだと「埋蔵文化財」は「遺物」に相当し、「遺跡」は含まれないことになります。この当時には、文化財保護法以前の史蹟名勝天然紀年物保存法により「史跡」に指定された「○○遺跡」がすでに存在していたことから、これでは上手く説明が付かなくなります。そこで1954（昭和29）年に改正された文化財保護法には、現在と同じ「土地に埋蔵されている文化財」という定義になりました。

こうしてみると、「埋蔵文化財」は法律用語でありますが、その法律を運用する国や地方公共団体においては、行政用語でもあるのです。近年、埋蔵文化財センターなどの施設や組織が全国にあり、また開発事業に伴う届出や埋蔵文化財講演会の開催などもあり、「埋蔵文化財」という用語はかなり定着してきました。しかし、「考古学」と違ってまだまだ一般には馴染みにくい、少し遠い存在である理由としては、こういった行政的な経緯（まだ70年ほどですが）も関係しているようです。

埋蔵文化財と発掘調査

埋蔵文化財は「土地に埋蔵されている文化財」です。貝が散らばり地面が白く見える貝塚（図2）、大きく盛り上がった古墳（図3）や石室（図4）や横穴（図5）、石垣（図6）や土塁（図7）が残る城跡など、その存在がわかりやすい場合もあります。しかし、埋蔵

図2 御領貝塚（熊本県熊本市）（筆者撮影）

図3 掛木古墳（長崎県壱岐市）（筆者撮影）

図4　蛇穴山古墳（群馬県前橋市）（筆者撮影）

図5　吉見百穴（埼玉県吉見町）（筆者撮影）

図6　津和野城跡（島根県津和野町）（筆者撮影）

図7　三宅御土居（島根県益田市）（筆者撮影）

文化財のおよそ７割を占める集落跡などは、それこそ土地に埋蔵されているため通常は見ることができません。もっとも貝塚や古墳や城跡なども、実際には形成されたり構築された後に大部分が土に覆われて（埋れて）いるため、やはり詳細を知ることはできません。こういった埋蔵文化財の年代や内容や範囲、つまり性格を明らかにするには考古学的な手法による「発掘調査」が不可欠になります。

しかし、発掘調査をおこなうと必ず埋蔵文化財は壊れて現状が変わってしまいます。また、二度と同じ場所で同じ発掘調査をおこなうこともできません。つまり、発掘調査には再現性がない一回性という特徴があります。このことから「発掘調査＝遺跡破壊」ともいわれ、発掘調査の必要がなければ遺跡にとっては現状保存がベストということになります。「埋蔵文化財は掘らないとわからない。しかし、掘ると埋蔵文化財はなくなる。」は、埋蔵文化財と発掘調査のとても悩ましい永遠の関係性であるのです。

このようなことから、発掘調査をおこなう場合、考古学に関する正しい知識と精度の高い技術を身に着け、そして明確で客観的な意識と目的をもってそれに臨むことがとても重要になるのです。

水中遺跡も埋蔵文化財

四方を海で囲まれた日本では、海を舞台とした歴史事象はとても多く、日本の歴史は海を越えた海外との交流史がその重要な部分を占めています。そのことは、世界で62番目の国土面積であっても、海岸線の総延長は６番目という日本の国土の特性からもわかります。したがって、水中遺跡を保護することは、そのまま日本の歴史構築に大きく繋がることになるのです。

ところが、文化財保護法のどこをみても水中遺跡や、それに関連する文言は見当たりません。これまでも「水中遺跡は埋蔵文化財ですか？保護の対象となりますか？法的根拠は何ですか？」という疑問がありました。しかし、1954（昭和29）年に文化財保護法が初めて改正された際の通知（昭和29年6月22日付文委企第50号）には、「従来埋蔵文化財とは、地下、水底その他の人目に触れ得ない状態において埋蔵されている有形文化財をいう」とされており、水中遺跡も埋蔵文化財であることが明記されています。

また、「漂流物や沈没品については、文化財保護法ではなく水難救護法が適用されるのでは？」という疑問もありました。これについても、1959（昭和34）年の通知（昭和34年1月27日付文委記第2号）に「漂流物あるいは沈没品であって社会通念上も埋蔵文化財と認められるものについては、水難救護法（第59条〜第65条）の規定によらず、遺失物法（第十三条）ならびに文化財保護法（第59条〜第65条）による処理をすることが適当」とされており、漂流物や沈没品も埋蔵文化財であることが明記されています。このように、水中遺跡も埋蔵文化財として国内法が適用される領海12海里内（22.224 km）での保護については明確な規定があります。

しかし、では具体的にどういう理念・体制・手法などで水中遺跡の保護を進めていくのかについては不明な部分がたくさんありました。そこで文化庁は、2012（平成24）年3月に「水中遺跡調査検討委員会」を立ち上げ、水中遺跡の定義と特性の整理、海外における水中遺跡保護の現状把握、日本の水中遺跡に見合った保存・活用手法の検討、地方公共団体からの意見聴取などを進め、2017（平成29）年10月には『水中遺跡保護の在り方について』という報告をおこないました。

日本では陸上の周知の埋蔵文化財包蔵地は約46万8,000遺跡もあるのに対し、水中遺跡はわずか387遺跡しかありません（文化庁HP)。世界的にも水中遺跡保護が格段に遅れている日本ですが、これからの展開が大いに期待されます。

コラム1　遅れた水中遺跡の保護

日本の水中遺跡保護は遅れています。例えば、水中遺跡保護先進国のフランスでは約5,800遺跡が確認され、そのうち約1,500遺跡においてすでに何らかの調査がおこなわれています。国立の水中考古学研究所や水中遺跡専用調査船（図8・9）、そして専門の講座を有した大学もあります。では陸上の遺跡保護では世界的に最先端にある日本において、なぜ水中遺跡保護の取り組みが遅れているのでしょうか。

水中遺跡保護先進国では、潜水技術が格段に進歩した1960年代以降、その国にとって歴史的に重要で遺存状態が非常に良好な沈没船の発見・引き揚げがおこなわれ、国民の関心が一気に高まるという共通の出来事がありました（図10）。これに対し日本では、1972（昭和47）年の高松塚古墳（奈良県）や1989（平成元）年の吉野ヶ里遺跡（佐賀県）のような大発見は、いまだ水中遺跡ではありません。また、日本は海岸から離れると急激に深くなる地形的な特徴があり、潜水作業を安定的におこなえる水深20 mの範囲がとても狭いという事情もあります。さらにトレジャーハンターによる盗掘や濫掘もほとんどなく、有名な沈没船がその危機に晒されることもほとんどないため、保護への機運がなかなか高まりませんでした。

このような事情から取り組みが遅れた日本の水中遺跡保護ですが、海岸線の総延長は世界6位という状況を踏まえるなら、陸上の遺跡だけで日本の歴史を語ることは不十分です。今後、水中遺跡に関する埋蔵文化財保護の取り組みが重要になってくるでしょう（図11）。

2.　文化庁の統計調査から埋蔵文化財を考える

文化庁では、①埋蔵文化財専門職員の状況、②発掘調査の届出件数、③発掘調査の費用、④出土文化財関係（文化財認定件数・出土遺物量・発掘調査報告書刊行冊数）、の大きくは4項目についての統計調査を、全国の地方公共団体の協力のもと47都道府県別に毎年おこなっています。

図8 フランス水中考古学研究所（右）と水中遺跡専用調査船アンドレ・マルロー号（左）
フランスは水中考古学がもっとも盛んな国の一つです。専用調査船はフランスの初代文化大臣で世界遺産の創設や水中考古学の発展に大きく貢献したアンドレ・マルローの名前がそのまま船名になっています。（筆者撮影）

図9 アンドレ・マルロー号船内での大学院生の授業
船内では水中考古学を専攻する大学院生を対象とした授業もおこなわれ、実習として実際の水中遺跡調査にも参加します。なお、大学院生8名のうち4名はフランス以外の国からの留学生だそうです。（筆者撮影）

図10　スウェーデンのヴァーサ号博物館

1628年の進水式直後にストックホルム湾に沈没した王室軍艦ヴァーサ号は、1961年に96％の遺存率をもって引き揚げられました。その後30年近い年月を費やし保存処理をおこない1988年に7階建てのヴァーサ号博物館として公開されています。年間120万人が訪れるこの博物館は、全長69 m、高さ52 mのヴァーサ号本体はもちろん、いくつものテーマ別の展示室をはじめ、ミュージアムショップ・体験コーナー・レストランなども完備。三重の扉により外気の侵入は遮断され、館内は湿度52％が常に維持されています。（筆者撮影）

埋蔵文化財専門職員の増減（図12）

①については、1971（昭和46）年から、地方公共団体と法人調査組織の正規及び任期付き職員を対象に、都道府県と市町村に分けてその合計人数の推移を調べています。1970年代に始まる高度経済成長期から1990年代の平成バブル期までは、まさに右肩上がりの状況が続きます。しかし、平成バブルが崩壊してからは、2000（平成12）年の7,111人をピークに右肩下がりの状態が続き、最近では約5,600～5,700人の間で微減の状態が続いています。内訳を

図 11　鹿児島県宇検村の倉木崎海底遺跡の調査風景
現在の水中遺跡の調査では、まずさまざまな探査機器を駆使して船上からの海底探査、反応が認められた場合には水中ロボットによる目視調査、そのうえで必要に応じて人による潜水調査へと進みます。これは危険と負担が伴う潜水調査を極力さけ、効率的に調査をおこなうための措置です。写真は 12 世紀後半から 13 世紀前半の中国貿易陶磁器が多量に出土した地点について、船釘などを探すための金属探知機による潜水調査の様子です（撮影：イアン・マッカーン、調査：木村　淳）。

みると、都道府県は継続的に減っていますが、市町村では横ばい状態です。これは都道府県では発掘調査の増加に応じて埋蔵文化財専門職員を増やしてきたため、発掘調査が減ると職員定数も連動して減るからと考えられます。これに対して市町村では、埋蔵文化財専門職員が埋蔵文化財以外の文化財の保護や、さまざまな整備・活用事業にも幅広く対応していることから、発掘調査が減っても定数が削減されないための横ばい状態と考えられます。

ちなみに、原因者負担（第 4 章第 1 節で詳述）による発掘調査を教育委員会が受託して実施するようになった直後の 1965（昭和 40）年、埋蔵文化財専門職員は全国の都道府県に 8 人しかいませんでし

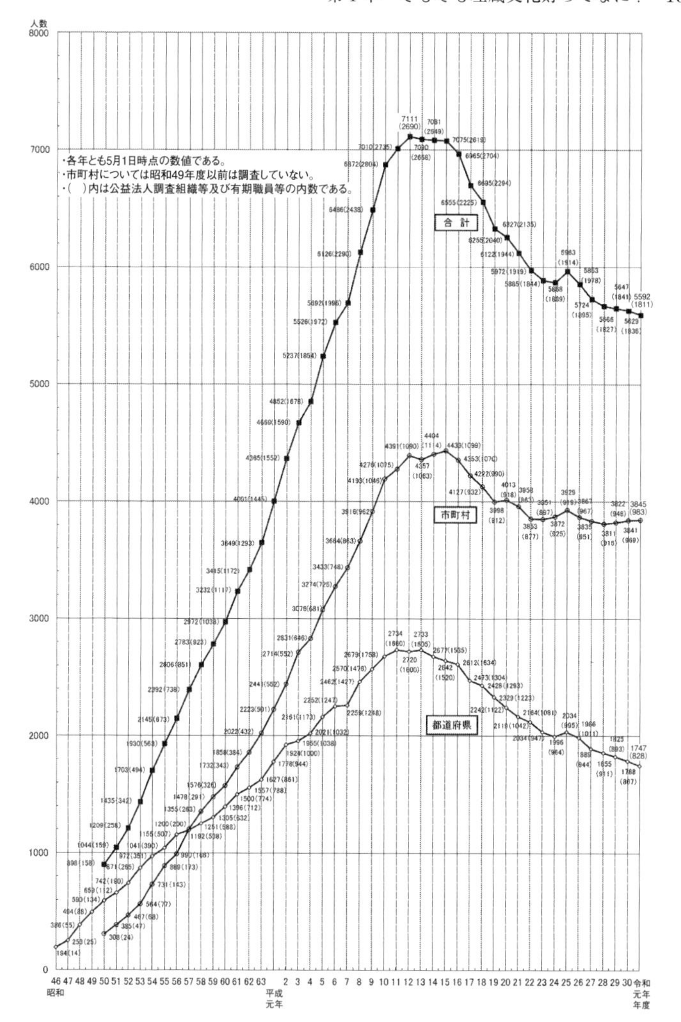

図 12　埋蔵文化財専門職員数の推移図（『埋蔵文化財関係統計資料』文化庁 2020 を一部改変〔令和 2〕年 3 月現在）

文化庁における埋蔵文化財専門職員の定義は「埋蔵文化財に関する専門的な知識や経験をもって、埋蔵文化財保護行政に係る職務に従事する職員（有期任用職員も含むが、正規職員を補完する者として専門性をもって従事する者を対象とし、アルバイトと同質の整理作業に従事する者は除く）と、博物館・資料館・研究所等において考古担当の専門職員として位置づけられている職員を指す」です。

た。当時、文化財保護委員会（1968年から現文化庁）で文化財調査官の立場にあった坪井清足氏によると、埋蔵文化財専門職員は都道府県に300人いるとすべての発掘調査に対応できるという試算をしたそうです。しかし、坪井氏が10年後に文化財鑑査官という立場で文化庁に戻った時には、全国の埋蔵文化財専門職員は900人近くになっており、高度経済成長の想像を超えた勢いに驚いたそうです。

コラム2　地方公共団体の埋蔵文化財専門職員

日本の地方公共団体には、約6,000人の文化財専門職員（博物館学芸員などを除く）が配置されているといわれますが、そのうち約5,600人は埋蔵文化財専門職員です。つまり、日本の文化財専門職員の9割以上は埋蔵文化財専門職員ということです。したがって、埋蔵文化財専門職員は、実際には埋蔵文化財以外の多様な文化財の保護にも深く関わっており、日本の文化財保護は埋蔵文化財専門職員によって成り立っている、といっても過言ではありません。

埋蔵文化財専門職員は、都道府県ではおもに埋蔵文化財保護関係の業務に携わりますが、まれに埋蔵文化財以外の文化財保護業務や、他部局（おもに観光や都市計画など）への異動もあります。これに対して規模の大きな市では都道府県とあまり変わりませんが、規模の小さな市町村では、埋蔵文化財保護以外の文化財保護業務はもちろん、社会教育・生涯学習・学校教育関連の業務が通常業務に組み込まれることも珍しくはありません。昨今の職員定数削減による人員の減少、市町村合併による対象範囲の拡大、法令遵守による業務の細分・細密化など、埋蔵文化財保護行政も大きな社会の変化のなかで揉まれ続けています。しかし、日本の文化財保護は間違いなく、この約5,600人の埋蔵文化財専門職員の不断の努力の下に成り立っているのです。

増える届出件数と増えない発掘調査件数（図13）

②については、1976（昭和51）年からおこなっている届出件数に関する調査です。その内容は、A周知の埋蔵文化財包蔵地における工事の届出件数（法第93・94条による）、B工事に伴う発掘調査の件数（法第92・99条による）、C工事とは関係のない学術調査や保存目的調査の件数（法第92・99・125条による）で構成されています。なお、以下では工事のことを「開発事業」と呼びます。

Aの届出件数は、何度か減少したこともありますが、基本的には右肩上がりが続いています。この件数が増える理由は二つあると考えられます。一つは、市町村の開発部局と文化財保護部局の連携が深まり、小さな公共事業でも届出をおこなうシステムが周知・徹底されてきたこと。もう一つは、民間がおこなう開発事業でも届出義務が周知されたことや、文化財保護の意識が高まったためと考えられます。おそらくこの届出件数は、今後も右肩上がりが続くでしょう。

Bの発掘調査件数は、高度経済成長期から平成バブル期にかけて増え、平成バブル絶頂期の1996（平成8）年の11,738件をピークに、平成バブル崩壊後は急減します。しかし、2001（平成13）年以降は8,000件前後で横ばいもしくは微増が続いています。平成バブル崩壊後、大規模開発は急激に減り、それに伴う発掘調査も減りました。しかし、Aの届出件数が増えたことに伴い、小規模な開発事業に伴う発掘調査が増えたため、結果として全体の発掘調査件数は8,000件前後で推移していると考えられます。

Cは「学術調査等の件数」とされています。かつては、開発事業に伴わない発掘調査を「学術調査」と総称していたため、いまだにこの名称が残っています。しかし、2010（平成22）年に文化庁が刊行した『発掘調査のてびき』では、「学術目的調査」は大学等研究機関が学術目的でおこなう発掘調査、行政がおこなう開発事業に

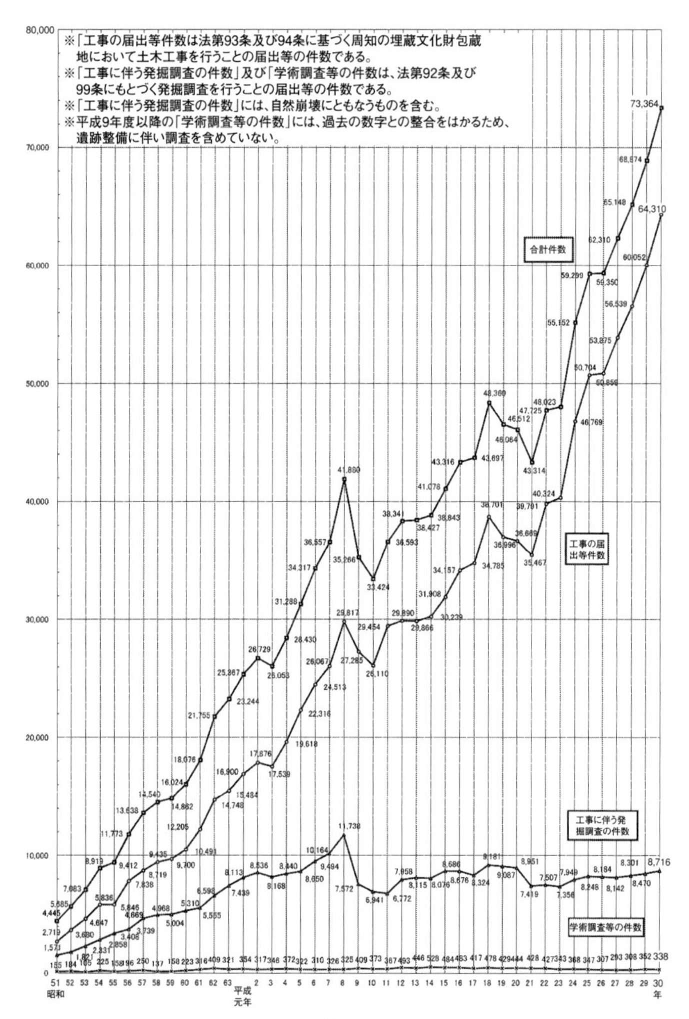

図 13　発掘届出等件数の推移図（『埋蔵文化財関係統計資料』文化庁 2020 を一部改変〔令和 2〕年 3 月現在）

「工事の届出等件数」とは、法第 93・94 条に基づく周知の埋蔵文化財包蔵地において開発事業をおこなう際の届出の件数です。「工事に伴う発掘調査の件数」及び「学術調査等の件数」とは、法第 92・99 条に基づく発掘調査をおこなう際の届出の件数です。なお、自然災害などにより遺跡が崩壊の危機に瀕している場合、開発事業に関係なく記録保存調査をおこないますが、この時の届出の件数も含まれます。

伴わない発掘調査を「保存目的調査」と明確に区別しました。したがって、この「学術調査等の件数」は二つの種類の発掘調査件数の合計になります。本来はこの二つを分けてグラフの作成もおこなうべきですが、1976年以来の経年変化を示すことがこの調査の目的であるため、説明文のなかでのみ分けられています。

なお、大学や研究機関がおこなう学術目的調査件数は、公表されているデータから読み取ることはできませんが、毎年20～30件程度と考えられます。意外に少ない学術目的調査件数ですが、実際には発掘調査を伴わない学術目的調査、すなわち、法第92条の届出が必要でない分布調査や測量調査などが数10件はおこなわれています。

発掘調査にかかる費用の推移（図14）

③については、1974（昭和49）年からおこなっている発掘調査にかかる費用の調査です。発掘調査にかかる費用については、公共事業と民間事業に大きく分けられていますが、その内容は47都道府県別の総額、試掘・確認調査の総額、本発掘調査の事業者別総額及び事業種別総額などによって構成されます。これにより、どのような開発事業にどれほどの発掘調査費用がかかっているのかを知ることができます。

ここでもやはり公共事業・民間事業を問わず、高度経済成長期と平成バブル期には右肩上がりの状態が続き、1997（平成9）年には1,321億円とピークを迎えます。民間事業のピークは1992（平成4）年ですが、公共事業の減少とともにその後右肩下がりとなります。そして、民間事業は2011（平成23）年に、公共事業は2012（平成24）年に底を打った様相を呈し、その後はやや回復して総額約600億円前後でほぼ横ばい状態です。

発掘調査の件数もそうですが、この発掘調査にかかる費用もその

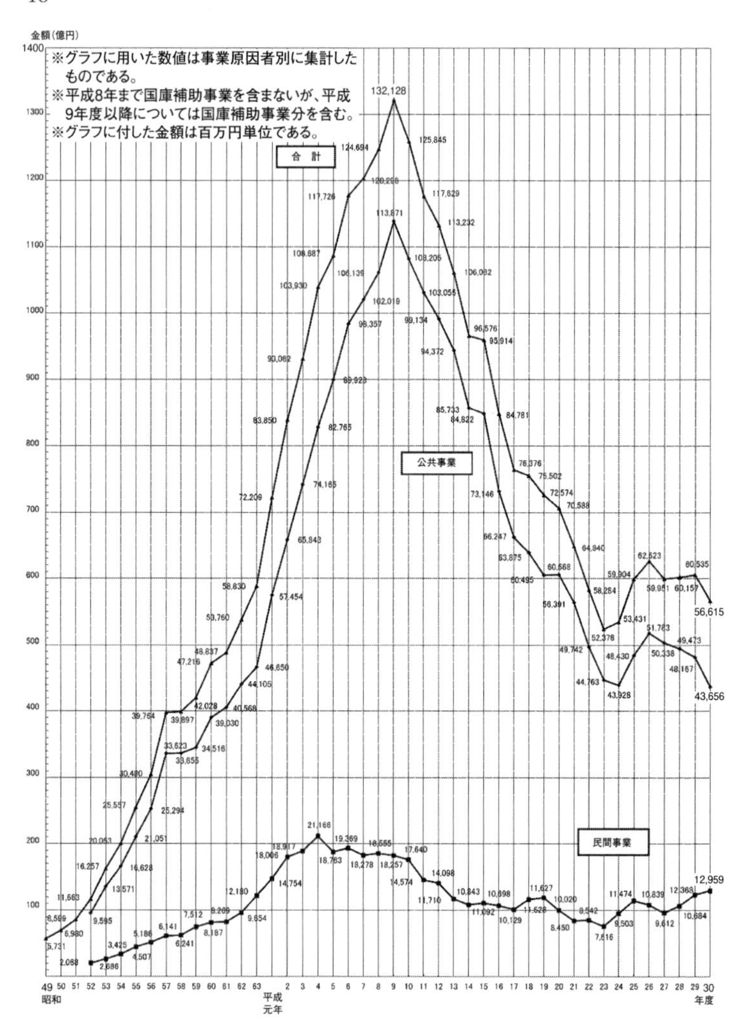

図 14　緊急発掘調査費用の推移図（『埋蔵文化財関係統計資料』文化庁 2020 を一部改変〔令和 2〕年 3 月現在）

過年度及び次年度以降など、数年間にわたる継続的な発掘調査の場合でも、当該年度 1 年間分の費用を対象にしています。また、当該 1 年間において、整理等作業だけ、報告書作成だけという場合もこれに含めます。このグラフからは、日本の発掘調査の約 8 割は、公共事業としての開発事業に際しておこなわれていることがわかります。

時の経済状況に直結した数字が現れます。これは開発事業の規模に関係なく届出をおこない、それに応じて発掘調査をおこなうシステムが確立した日本の特性ともいえます。お隣の韓国でも日本に近いシステムを執っていますが、開発事業の届出には面積制限があり、その結果、発掘調査件数やそれにかかる費用については日本と異なった傾向になっています。

出土文化財関係

④については、文化財認定件数・出土遺物量・発掘調査報告書刊行冊数の３項目について調査がおこなわれています。

文化財認定件数とは、地方公共団体などが発掘調査をおこなって出土した文化財を所管の警察署長に通知し（法第100条）、警察署長によって遺失物法の規定に従いそれが文化財ではないかと認められる場合に都道府県教育委員会に提出し（法第101条）、都道府県教育委員会がそれを鑑査して文化財と認定した（法第102条）件数のことです（第３章第３節）。1953（昭和28）年から毎年の件数をみると、ここ10年の平均は6,500件前後でほぼ横ばい状態が続いています。発掘調査件数より少ない理由としては、複数年単位の継続調査の場合は最終年度にまとめて通知するためと、本発掘調査を実施しても遺物が出土しない場合があるためと考えられます。

出土遺物量は、出土した遺物の量を、縦60㎝、横40㎝、高さ（深さ）15㎝程度のサイズのコンテナに入れてそれを換算したもので、1996（平成8）年から調査しています。かつては年間200,000箱を越えた時もありましたが、最近は微減の傾向のなか約8,000箱になっています。しかし、2018（平成30）年３月現在までの総数は実に8,392,564箱を数え、実態上は際限なく増えている状態です。この出土遺物の取り扱いについては、第５章第２節で詳述します。

発掘調査報告書刊行冊数は、いわゆる本報告書の冊数のことであり、速報・概報（概要報告）・年報などは含まれていません。この調査はまだ新しく、文化庁が『発掘調査のてびき』において「報告書は、発掘作業の終了後、おおむね3年以内に刊行することを原則」としたことを契機に、報告書の刊行状況を把握するため2010（平成22）年から始めました。調査当初は1,800冊を超えていましたが、最近は微減の傾向にあり年間1,500冊前後になっています。この冊数、一見すると1年間の発掘調査件数に比べてかなり少なくみえます。しかしその背景には、開発事業面積が広く複数年に及ぶ継続的な発掘調査の場合はそれが終了後に1冊の報告書にまとめる、保存目的調査のように同一遺跡を複数年発掘調査した場合には最後に1冊の報告書にまとめる、小規模発掘調査の場合は複数の遺跡の発掘調査成果を1冊の報告書にまとめる、といったさまざまなケースがあるためと考えられます。かつては発掘調査優先で報告書の作成は後回しになりがちでしたが、最近は「発掘作業→整理等作業→報告書作成」が計画的におこなわれるようになり、報告書の刊行率は100%に近づいています。また、高度経済成長期や平成バブル期に生じた未刊行の報告書も、埋蔵文化財専門職員の努力により積極的に刊行が進められています（図15）。

コラム3　文化庁埋蔵文化財部門

文化庁の埋蔵文化財部門には、これまで約50人の文化財調査官が在籍してきました。初代の斎藤忠氏（1950年8月〜1964年3月）、5代の坪井清足氏（1965年4月〜1968年3月）、18代の水野正好氏（1974年10月〜1979年3月）はそれぞれに考古学者としても有名な方々です。当初は1人であったのが3人になり、いわゆる埋蔵文化財保護行政の始まりとされる1965（昭和40）年からは5人体制になります。現在は独立行政法人国立文化財機構奈良文化財研究所（以下「奈良文化財研

全国遺跡報告総覧　奈良文化財研究所

＼全文データを検索可能！／
WEBで発掘調査報告書を読める
全国遺跡報告総覧
Comprehensive Database of Archaeological Site Reports in Japan

キーワードから探す

English (/en) | 日本語 (/ja)

検索

詳細検索 (/ja/search?detail=true&include_file=exclude)

遺跡（抄録）検索 (/ja/search-site)

イベント検索 (/ja/search-event?event_time%5B%5D=1&event_time%5B%5D=2)

一覧から探す

新着一覧 (/ja/list/all)

発行機関一覧（都道府県別） (/ja/list)

報告書種別一覧 (/ja/report-type)

みんなの注目コンテンツ (/ja/ranking)

その他

利用案内 (/ja/abouts/guide)

本事業について (/ja/abouts/project)

参加・登録手続 (/ja/abouts/participation)

参加機関 (/ja/abouts/member)

リンク集 (/ja/abouts/link)

2018年度報告書データベース作成に関する説明会 (/ja/abouts/setumeikai2018)

2019年度報告書データベース作成に関する説明会 (/ja/abouts/setumeikai2019)

遺跡報告総覧通信 (http://www.nabunken.go.jp/nabunkenblog/cat118)

- 2/15 類義語およびOCR誤認識用語検索機能の公開 (https://www.nabunken.go.jp/nabunkenblog/2020/02/ruigigo.html)
- 1/29 発掘調査報告書総目録 大阪府・兵庫県・島根県・高知県編の書誌情報を全国遺跡報告総覧に登録 (https://www.nabunken.go.jp/nabunkenblog/2020/01/somokuroku202001.html)
- 11/26 書誌ページQRコード表示機能とシリーズ番号順並び替え機能公開のお知らせ (https://www.nabunken.go.jp/nabunkenblog/2019/11/sorangr.html)
- 11/19 発掘調査報告書総目録 新潟県編の書誌情報を全国遺跡報告総覧に登録 (https://www.nabunken.go.jp/nabunkenblog/2019/11/niigata.html)
- 9/4 2019年度報告書データベース作成に関する説明会開催のお知らせ (https://www.nabunken.go.jp/nabunkenblog/2019/09/setumeikai2019.html)
- 7/2 奈文研抄録データベースの全国遺跡報告総覧への統合完了のお知らせ (https://www.nabunken.go.jp/nabunkenblog/2019/07/shoroku.html)

このサイトについて

【全国遺跡報告総覧とは】

「全国遺跡報告総覧」は、埋蔵文化財の発掘調査報告書を全文電子化して、インターネット上で検索・閲覧できるようにした"報告書のインデックス"です。「総覧」は、全国遺跡資料リポジトリ・プロジェクトによって構築された遺跡資料リポジトリ・システムとコンテンツを国立文化財機構 奈良文化財研究所が引き継ぎ、運用しているものです。

貴重な学術資料でありながら、流通範囲が限られ一般に利用しづらい報告書をインターネット上で公開することで、必要とする人が誰でも手軽に調査・研究や教育に利用できる環境の構築を目指しています。

【全国遺跡資料リポジトリ・プロジェクト】

国立情報学研究所の最先端学術情報基盤（CSI）整備事業の委託を受けて、2008（平成20）年度～2012（平成24）年度の5年間にわたって、全国の21の国立大学が連携して取り組んだプロジェクトです。発掘調査報告書の電子化は、主に科学研究費補助金研究成果公開促進費を活用して行い、委託事業期間に約14,000冊近くの報告書を電子化しました。

日本地図からさがす

図 15　全国遺跡報告総覧（奈良文化財研究所のホームページより）

発掘調査報告書は、埋蔵文化財保護・考古学研究の両方において不可欠な存在です。しかし、発行部数が少なく入手や閲覧が難しいため「灰色文献」ともいわれています。この発掘調査報告書の電子公開を島根大学付属図書館が2007（平成19）年に「全国遺跡資料リポジトリ」として始めたのを契機に、発掘調査報告書のデジタル化が大きな議論を巻き起こしました。そして、2015（平成27）年6月には分散していたデータ・システムが奈良文化財研究所によって統合され、「全国遺跡報告総覧」として広く活用されています。www.nabunken.go.jp

究所」と表記）の出身者が2人、地方公共団体の出身者が3人です。文化庁には65人ほどの文化財調査官（建造物・美術工芸・民俗・天然記念物・文化的景観など）が配置されていますが、そのなかでも一つの部門に5人の文化財調査官が配置されているのは埋蔵文化財部門だけで、ほかはすべて2〜3人の部門です。

おもな業務は文化財保護法に関すること、埋蔵文化財保護に関する考え方の整理（調査研究委員による各種通知や報告の検討）、埋蔵文化財関係国庫補助金の交付と執行状況の確認、統計調査による埋蔵文化財保護行政の実態把握、遺跡の保護（史跡指定を含む）に関する現地協議、地方公共団体職員への各種研修、などがあります。そして具体的な取り組みには、『発掘調査のてびき』作成、「発掘された日本列島」展の開催、世界文化遺産関係資産の保護、東日本大震災・熊本地震などの災害対応、国会・国会議員対応、などがあります。

埋蔵文化財保護には職務上現地協議が不可欠であるため、地方公共団体への出張日数が多くなります。また、必要に応じて、文化庁にて地方公共団体の埋蔵文化財専門職員と協議することも頻繁にあります。このように埋蔵文化財部門の業務は多岐にわたりますが、いずれも地方公共団体の約5,600人の埋蔵文化財専門職員の理解と協力なくして成り立たない仕組みになっています。

第2章　遺跡は発掘調査しないとわからない

1. 日本列島の遺跡たち

468,835遺跡

遺跡は行政的には「埋蔵文化財包蔵地」と呼ばれ、2017（平成29）年3月現在、468,835遺跡が登録されています。開発事業から埋蔵文化財を保護する初期対応としては、この埋蔵文化財包蔵地を正しく把握し、法第93・94条を適切に運用することが極めて重要になります。

遺跡数の調査は、文化財保護委員会（1968年から現文化庁）が1960（昭和35）年から3カ年かけておこなったものが最初で、当時は138,756カ所でした。文化庁ではこの成果を、1964（昭和39）年から3カ年かけて遺跡地図（青い表紙A4サイズ、図16左）として刊行しますが、1980（昭和55）年から47都道府県は国庫補助事業として域内の遺跡数の調査を実施し、都道府県単位で新たな遺跡地図（黄色い表紙A2サイズ、図16右）を刊行することになりました。そしてこれ以降は、市町村が国庫補助事業として分布調査をおこない、市町村単位でより詳細な遺跡地図を刊行していくことになります。しかし、2000年頃から紙媒体の遺跡地図は減り、加除修正や公表（周知化）が簡単にできるデジタル遺跡地図が主流になってきました。

この遺跡地図を作成・更新するたびに、遺跡数は着実に増えてきました。それは、発掘調査件数の増加、分布調査の精度の向上、そ

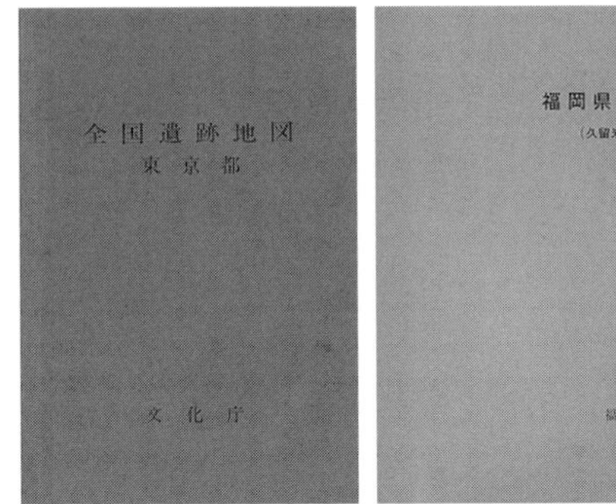

図 16 文化庁が作成した遺跡地図（左）と地方公共団体が作成した遺跡地図（右）

遺跡地図に記載された遺跡の大部分は、踏査によって確認されたものです。すなわち、発掘調査をおこなわずに、地表に遺物が散布する範囲を示したものということになります。したがって、実際には踏査ではみつからない遺跡も多数あり、開発事業に際してはこの遺跡の範囲の外であっても、必要に応じて開発事業者の協力を得ながら、試掘・確認調査をおこなうことが求められています。

して埋蔵文化財専門職員の配置が未配置市町村において進み、分布調査が広く定着したことなどがおもな理由として挙げられます。1976（昭和 51）年には 204,721 遺跡、1980（昭和 55）年には 289,239 遺跡、2006（平成 18）年には 457,290 遺跡、2012（平成 24）年には 465,021 遺跡、そして現在の遺跡数に至っています。

遺跡数から時代や地域の特徴がみえる

ここでは、遺跡数からみえてくる地域性や時代性について考えてみます。

先述したように、現在の日本の遺跡総数は 468,835 遺跡であり、47 都道府県で単純に割ると 1 都道府県に約 10,000 遺跡があることになります。実際にはもっとも多い都道府県は兵庫県の 28,761 遺跡、次いで千葉県の 27,629 遺跡、福岡県の 23,758 遺跡となり、少ない都道府県としては徳島県の 3,142 遺跡、山口県の 3,056 遺跡、高知県の2,560遺跡などがあります。一般的に遺跡数の差は、個々の都道府県の面積やこれまでの発掘調査件数が大きく関係しているようです。

日本を東西に分けて（およそ石川県・岐阜県・愛知県以東を東日本、福井県・滋賀県・三重県以西を西日本とする）時代別にみると、旧石器時代遺跡（7,768遺跡）は67：33で東日本がほぼ倍の遺跡数。縄文時代遺跡（94,844遺跡）は85：15で圧倒的に東日本に集中します。弥生時代遺跡（38,849遺跡）は41：59で逆に西日本が多くなります。古墳時代遺跡（206,852遺跡）も37：63で弥生時代と似た比率になります。

東西の遺跡数は当時の時代的な背景をある程度反映していると考えられますが、これには注意も必要です。例えば古墳時代については、墳墓としての古墳を除き集落遺跡だけで比較すると59：41となり、東日本のほうが多くなります。しかし、古墳は北海道や東北北部では極めて希薄であることと、群集墳の場合はそれを構成する1基1基を1遺跡とする傾向にあることなどから、古墳だけで対比すると29：71となり、古墳時代の遺跡総数だけではその実態を読み取れない場合もあります。

都道府県別あるいは地域別にみて興味深い遺跡数は縄文時代の貝塚です。現在、縄文時代の貝塚は2,443遺跡ありますが、東西でみると82：18となります。この比率は縄文時代全体の遺跡数の比率と同じであり、このことから一定数の集落遺跡には一定数の貝塚が伴うことを示しており、貝塚が単純に東日本に多いとはいえないことになります。また、秋田県から山口県までの日本海沿岸部の貝塚は43遺跡（1.8%）しかなく、貝塚が日本海側にとても少ないという特性をよく示しています。なお、貝塚ランキングとしては、1位が千葉県の648遺跡、2位が茨城県の327遺跡、3位が宮城県の218遺跡になりますが、海のない埼玉県はなんと4位の170遺跡です。

その理由は、埼玉県の貝塚の所属時期はほぼ縄文時代前期に限定され、その時期は縄文海進により古東京湾がいまの埼玉県あたりまで入り込んでいたことを示しています。千葉県・茨城県・埼玉県・神奈川県・東京都には貝塚が1,366遺跡あり、日本の貝塚の56％を占めています。

コラム4　世界文化遺産と発掘調査

日本が世界遺産条約を批准したのは1992（平成4）年でした。そして現在まで、19件の世界文化遺産が登録されています（世界自然遺産は4件）。世界文化遺産と発掘調査。「百舌鳥・古市古墳群」のような考古学的な遺跡の事例を除くと、一見両者は別物、関係ないものと思われがちです。しかし、多くの構成資産は時代を問わず「遺跡」であることから、世界文化遺産としての価値づけに際しては、発掘調査を通じて正確な年代・内容・範囲などが求められます。特に、世界文化遺産は国内法による保護、すなわち日本では文化財保護法による史跡指定などが求められるため、より精度の高い発掘調査が必要になるのです。

2. 遺跡を掘る人たち

みんなが考古学を学んでいるのか？

遺跡の発掘調査は考古学的な手法によっておこなわれます。「発掘調査」とは、現地における「発掘作業」、発掘作業の記録と出土品の整理をおもに屋内でおこなう「整理等作業」、そして「発掘調査報告書」の作成をもって完了する一連の作業の総称です。この発掘調査に必要な考古学の基礎的な知識と技術は、一般的には大学で考古学を専攻して身に着けることになります。現在、全国の地方公共団体や法人調査組織の埋蔵文化財専門職員約5,600人の多くは、大学で考古学を専攻した人たちです。

しかし、かつて（1960～1980年代）は考古学に興味があっても考古学では職に就けないという理由（現実と先入観）から、他の学部へ進学する人も少なくはありませんでした。そういった人たちのなかには、考古学が諦めきれずに独学や考古学系のサークルで考古学を学び、卒業後には埋蔵文化財専門職員になる人もいました。逆に、当初は考古学にはそれほど興味はありませんでしたが、発掘調査のアルバイトなどに参加して考古学に興味を持ち、埋蔵文化財専門職員になる人もいました。最近では、歴史に興味を持っていることから歴史系の学科がある大学へ進学し、歴史を学ぶ過程で考古学に出逢い、考古学に興味を持つ学生が埋蔵文化財専門職員になることが多いようです。すなわち、通称「考古ボーイ」（幼少の頃からなにより考古学が大好きな考古学オタク少年の通称）的な学生は絶滅危惧種になりつつあります。

埋蔵文化財専門職員になるためには、一般的に埋蔵文化財の専門職員試験を受けることになります。しかしかつて（1980～2000年代）は、発掘調査が多い時は良いが、発掘調査が減ったら仕事がなくなるので専門職員は採用しにくいという理由から、学校教員として考古学を専攻する学生を採用し、発掘調査が増えたら文化財保護部局へ異動させ、減ったら学校へ戻すという手法が全国でかなり普及していました。したがって、1990年代までは就職の可能性を高めるため、考古学を専攻した学生の多くは博物館学芸員と教員の二つの資格を取得することが一般的でした。埋蔵文化財専門職員と教員の二足の草鞋です。

これとは別に、考古学経験のない教員を文化財保護部局に異動させ、発掘調査や文化財保護行政を担当させる事例もあります。経験がなくとも長く続ければある程度の対応ができるようになりますが、大学などで考古学の知識や技術を学んだ人とは、埋蔵文化財保護に対する「意識」の差を感じるといった話を耳にすることもあります。その背景には、文化財保護部局で長く仕事を続けることなく、いずれは教員に戻るという実態もあるからでしょうか。

誰が発掘調査をするのか？

発掘調査をおこなう人たちの所属機関としては、大きく分けて地方公共団体・法人調査組織（通称「財団」）・民間調査組織（通称「発掘会社」）の3種類があります。

発掘調査は誰がおこなうのか。これについては、「1964年2月文化財保護委員会事務局長通知」によってその方向性が決まりました（参考資料4・140頁）。すなわち、開発事業に際して発掘調査が避けられない場合、その開発事業者は「関係各都道府県教育委員会に委嘱して事前発掘調査を行い記録保存の措置をとること。」という文言により、原則として地方公共団体が発掘調査を実施することになりました。そのため、地方公共団体では埋蔵文化財専門職員の増員が進みますが、公務員の定数や人件費の問題から、地方公共団体が法人調査組織を設置する動きが1970年代後半以降、全国で盛んになりました（2020年4月現在、都道府県が設置した法人調査組織は28機関）。

この法人調査組織にも2種類があります。一つは、その法人調査組織を設置した地方公共団体の埋蔵文化財専門職員が、法人調査組織の職員として出向する組織。もう一つは、その法人調査組織が直接に埋蔵文化財専門職員を採用・雇用する組織。前者は、発掘調査件数の増減に応じた職員数の調整が可能です。後者については、かつては設立した地方公共団体との間で人事交流が盛んでしたが、2008年から施行された公益法人制度改革によって法人調査組織の位置づけや財政的な仕組みが民間企業に近い性格になり、労働者派遣法との関係からも地方公共団体との人事交流は今では少なくなってきました。また、法人調査組織は発掘調査の増減によって、その経営状態が不安定になりやすい面もあります。しかし、地域性が著しい埋蔵文化財の発掘調査を長期にわたり地域に根差して続けてきた法人調査組織には、地域史の再構築という点において計り知れない実績があります。したがって文化庁も示すように、法人調査組織の問題はそれを設立した地方公共団体の問題であり、その経営に何らかの形で関わることを求めています（2014年「適正な埋蔵文化財行政を担う体制等の構築について」）。なお、かつては関東を中心に、法人格を持たないいわゆる調査会（NPO法人を含む）も多数存在しましたが、近年では組織の安定的な運営の難しさからかなり減ってきました。

民間調査組織には、発掘調査だけを専属的におこなう民間調査組織と、測量会社や重機を扱う土木系の会社などのなかに発掘調査をおこなう部門を置く民間調査組織とがあります。いずれも、関東を中心に事業展開を進め、近年では北陸や東海にも多くの会社が設立されています（業界団体の公益社団法人日本文化財保護協会には2020年8月時点で82社が加盟）。地域性が著しく一つとして同じでない遺跡、再現性（掘り直し）が難しく、設計図がなくその場その場で判断が求められる発掘調査。一般的に、こうした特徴を有する遺跡の発掘調査には市場原理は向かないと考えられますが、それでも民間調査組織が日本の埋蔵文化財保護行政にこれまで大きく関わっていることもまた事実です。

コラム5　もう一つの調査組織──大学構内遺跡の発掘調査組織──

大学構内にも遺跡はあり、校舎などの新築や建替えに際しては記録保存の発掘調査が必要になる場合があります。この時の発掘調査は、当該地方公共団体が実施する場合もありますが、多くは大学が設置した調査組織が実施します。大学が調査組織を設置するおもな理由としては、発掘調査自体が学術的要素を多く含むこと、授業などの教育活動に支障をきたさないよう臨機応変な対応が可能であること、という2点が挙げられます。

調査組織を有する大学は、現在国立・私立を問わず16大学があります（北海道大学・東北大学・東京大学・金沢大学・京都大学・同志社大学・大阪大学・島根大学・岡山大学・広島大学・山口大学・徳島大学・愛媛大学・九州大学・熊本大学・鹿児島大学）。名称は埋蔵文化財調査センター・埋蔵文化財センター・埋蔵文化財調査室・博物館・歴史資料館などさまざまで、体制や組織の在り方も大学によって異なります。

これらの調査組織の担当者は、ほとんどの場合大学の教員職に位置づけられていますが、実施する発掘調査は行政目的としての記録保存調査になります。大学教員が行政目的調査をおこなうというと少し違和感がありますが、多くの担当者は日本学術振興会の科学研究費などの外部資金を獲得して、学術目的の発掘調査やさまざまな研究のほかに、授業をおこなう場合もあります。

3. マニュアル『発掘調査のてびき』

2回の『てびき』

文化庁（1968年3月まで文化財保護委員会）はこれまで、発掘調査に関するマニュアルを2回作成しています。1回目は1966（昭和41）年に刊行された『埋蔵文化財発掘調査の手びき』（図17左）、もう1回は2010（平成22）年と2013（平成25）年に刊行された『発掘調査のてびき』（集落遺跡発掘編、整理・報告書編、各種遺跡調査編、図17右）です。

1回目の『てびき』が刊行される直前の1964（昭和39）年2月。前述したように、文化財保護委員会事務局長通知により、発掘調査は地方公共団体が実施する方向性が示されました。しかし1965年

図 17　『埋蔵文化財発掘調査の手びき』（左）と『発掘調査のてびき』（右）
『発掘調査のてびき』は、文化庁と奈良文化財研究所が事務局となり、有識者による作成委員会と、都道府県・市町村・法人調査組織に所属する埋蔵文化財専門職員からなる作業部会（「各種遺跡調査編」では大学教員も含めた）との２段階方式で進められました。作成委員会は年１回、作業部会は前２冊が合計 15 回、後１冊は合計６回が開催されました。

当時、全国の都道府県に所属した埋蔵文化財専門職員は実にわずか８名。これでは十分な対応は望めません。そこで文化財保護委員会では、地方公共団体の埋蔵文化財専門職員の増員を進めるとともに、「緊急発掘調査の実をあげるためには、専門的な知識と技術を身につけた調査員の養成確保と資質の向上が強く要望される」ことから、この『てびき』を作成したと序文に記述されています。

それからおよそ半世紀。「その後の発掘調査件数の急増と規模の増大、そして調査技術と考古学や関連分野の研究の進展により、現状に応じた内容への改訂が求められるようになった」（序文）ため、文化庁は新たな『てびき』を作成しました。

これら２回の『てびき』に共通することは、文化庁（旧文化財保護委員会）と奈良文化財研究所（旧奈良国立文化財研究所）が一体となって作成したことです。しかし大きく異なるのはその内容と頁数。1回目は発掘作業が約170頁、整理等作業と報告書作成が約40頁の合計で210頁。これに対して2回目は、集落を中心とした発掘作業が約300頁、集落以外の各種遺跡の発掘作業が約400頁、そして整理等作業と報告書作成が約300頁（このうち関係法令や通知が約80頁）の合計で約1,000頁に及ぶ大部なものになります。頁数と構成要素の違いは、まさに時代背景の違いを象徴しているといっても過言ではありません。特に1回目にはない安全管理、自然科学分析、デジタル技術、保存目的調査、総括報告書、保存と活用などは、いずれも2回目にとって特徴的な項目といえます。

2回目の『てびき』の構成と特徴

ここでは2回目の『てびき』の構成や特徴を確認してみます。

『集落遺跡発掘編』も『各種遺跡調査編』も、機能していた当時の遺跡の構造や、遺構から類推される当時の上屋（上部）構造の説明に多くの頁が費やされています。それは、発掘調査される遺跡は当時の全体のごく一部であり、遺構も構造物の基礎や床面部分に限られることから、本来の姿をイメージしながら発掘調査しないと掘り間違える可能性が高いと考えられるからです。そこでまず本来の姿を確認した上で、初めて具体的な発掘調査の進め方や方法の説明に入ります。

『集落遺跡発掘編』では竪穴建物の場合、本来の姿、すなわち上屋構造の説明のあとに、床面や壁面で確認される可能性のある遺構（柱穴や壁際溝など）の説明が最初にあり（図18)、それを具体的にどう掘り進めていくか、という順序で説明が続きます。本文中では、全国で普遍的に存在する遺構についての説明が中心で、地域的に特殊な遺構や発掘調査が難しい遺構などについては「コラム」として、本文中とは分けて記述されています。例えば、「柄鏡形竪穴建物」や「カマドの発掘手順」(図19）などがそれに相当します。

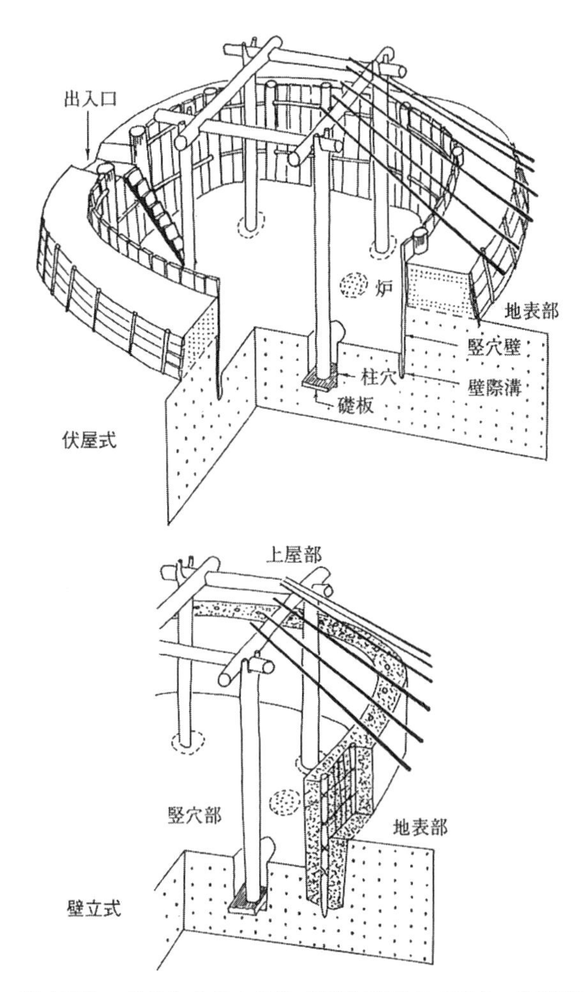

図 18　竪穴建物の構造と各部の名称（『発掘調査のてびき　集落遺跡発掘編』文化庁 2010）
竪穴建物の発掘調査に際しては、その上屋（上部）の構造を把握しておく必要があります。さらに、床面からの遺物の出土状況や埋土の堆積状況から、その竪穴建物の廃絶に際しては、意図的な焼失がおこなわれたのか、自然に倒壊したのか、あるいは柱の抜き取りはおこなわれたのかなど、廃絶に至る経緯や廃絶に際しておこなわれた行為の復元も想定する必要があります。

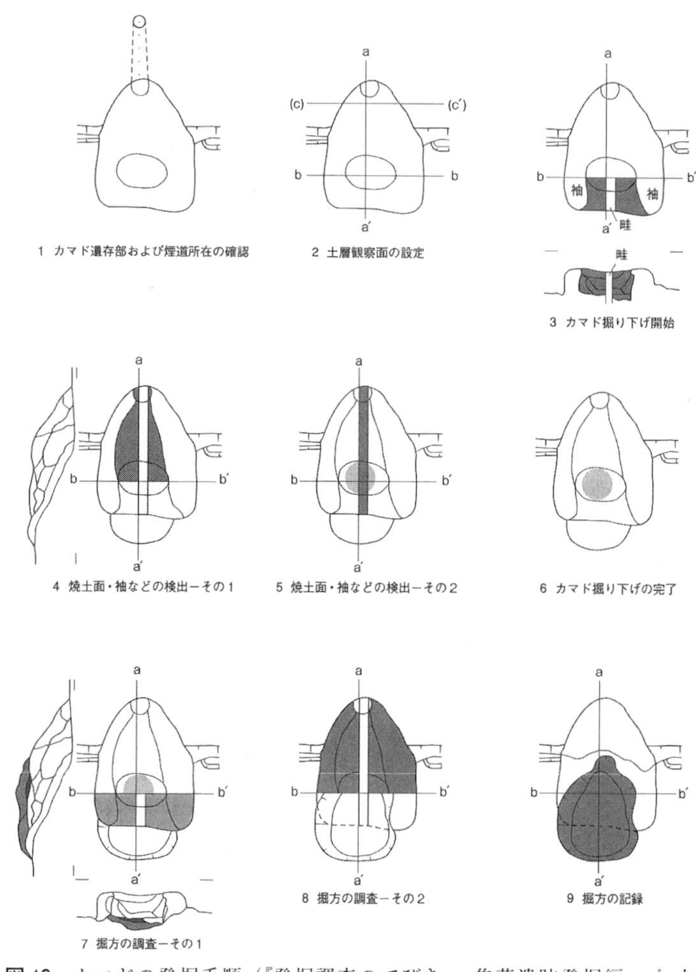

図 19 カマドの発掘手順（『発掘調査のてびき――集落遺跡発掘編――』文化庁 2010）

カマドは煙道の長短や構造、そして袖の構築用材、さらには遺存状態などが多様であり、発掘作業がもっとも難しい遺構の一つです。特に、遺存するカマドの本体部分と崩落・棄損部分との区別、当時の使用状況やカマド祭祀の復元などには、ある程度の経験が必要です。カマドの発掘作業に際しては、土層観察用畦をどこに設定するかが重要な鍵になります。

発掘調査の具体的な手順については、発掘調査の95％を占める記録保存調査の場合を想定していますが、各遺跡や各遺構の発掘調査方法の最後に「保存目的調査における留意点」という項目を設けています。こうすることで、記録保存調査と保存目的調査の手法の違いがわかります(図20)。

『集落遺跡発掘編』では、竪穴建物に続き掘立柱建物、その他の建物、土坑、溝、井戸、生活関連遺構と続きます。そして、発掘調査の説明が一通り済むと、次に「遺構の記録」として「実測」「記録と情報」「写真」が詳述され、最後に「自然科学調査法の活用」となります。

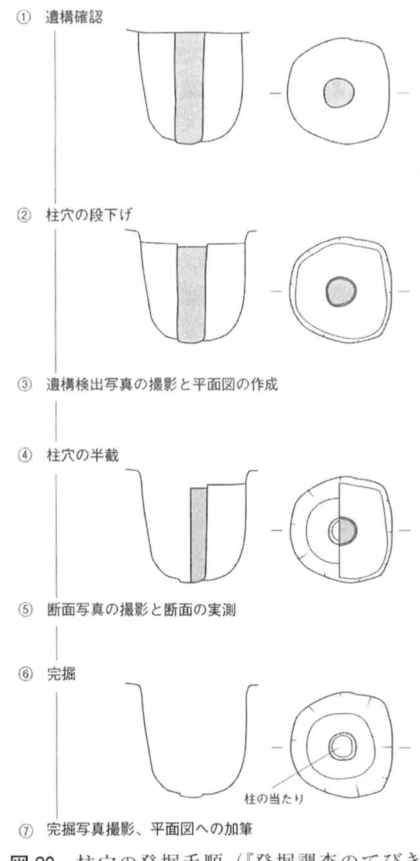

図20　柱穴の発掘手順（『発掘調査のてびき――集落遺跡発掘編――』文化庁 2010）
柱穴の発掘手順について7段階の行程を示しています。記録保存調査では完掘が前提となるため⑦まで進めます。しかし、保存目的調査では大部分が③までですが、必要に応じて⑤までおこないます。

『各種遺跡調査編』では、墳墓、寺院、官衙、城館、生産遺跡(窯業、製鉄・鍛冶、鋳造、製塩、玉作り、農業関係など)、その他の遺跡（貝塚、洞穴、道路・交通関係、庭園、祭祀・信仰関係）によって構成され、その後保存と活用で終わりとなります。このなか

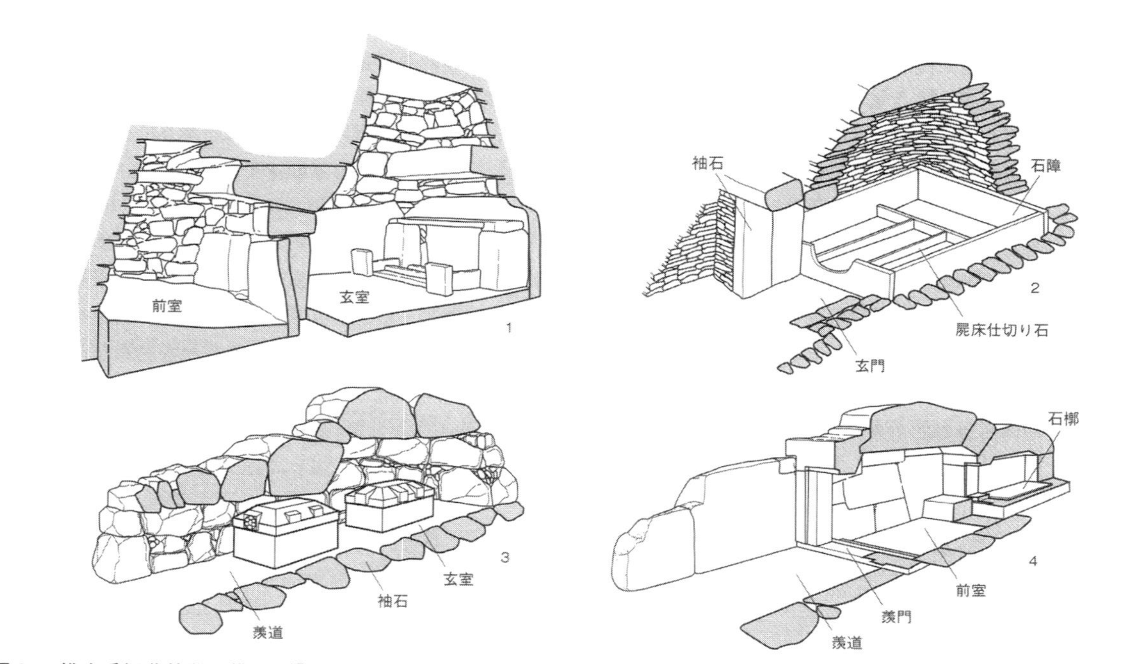

図 21　横穴系埋葬施設の構造（『発掘調査のてびき——各種遺跡調査編——』文化庁 2013）
各地の横穴系埋葬施設を同じ構図の模式図で示すことにより、それぞれの特徴がよくわかります（1：九州北部の横穴式石室、2：九州中部の横穴式石室、3：近畿中部の横穴式石室、4：横口式石槨）。また併せて、石室の部位名称も示しています。

で、もっとも多くの頁数を占めているのは墳墓です。墳墓は情報量が極めて多く、また構造や副葬品の在り方から習俗や階層性の復元に関してもっとも多くの可能性を有した遺跡であるため、より高度で精密な発掘調査が求められます。したがって、地域や時代によって異なった特徴を有する墳墓については丁寧な説明が必要になるのです（図 21）。

また、全体を通じて、小見出しの多用による項目分けと長文の回避、一文をできるだけ短くする、イラストを使っての説明、索引の作成など、読みやすさについての工夫もみられます。そして、文章の最後（語尾）を「〜ねばならない」＞「〜必要がある」＞「〜求められる」＞「〜望ましい」などにして、後者になるほど緩やかな対応を求めるなど、その重要度・必要度の違いもわかるようにしています。

『てびき』の使い方

『てびき』の作成が始まったころ、地方公共団体の埋蔵文化財専門職員の間では「文化庁は地域で育まれてきた地域独自の発掘調査の方法と伝統を否定するのか？」という意見もありました。しかし、「国民的財産」である埋蔵文化財の発掘調査は極めて公共性の高い事業であることから、「発掘調査にかかる経費や期間、発掘調査の方法・内容や報告書作成の精度にばらつきが」（『集落遺跡発掘編』5 頁）あってはなりません。そこで「発掘担当者がとるべき適切で標準的な手順と方法、具体的な作業手順、注意点などを示したマニュアル」（『集落遺跡発掘編』5 頁）が『てびき』なのです。そのうえで、地域性が大きくこの『てびき』では十全の対応できない部分については、各地域で内容を補完していく工夫の必要性が示されています（『集落遺跡発掘編』6 頁）。よく「発掘調査手法の地域的なまとまりは日本全体で 47 通りある」といわれています。日本では47都道府県別にそれぞれ育まれてきた独特な発掘調査手法があり、その最大公約数的な内容がこの『てびき』なのです。これまで各地で培われてきた発掘調査の手法で進めつつ、確認したいこと、わからないことがあった時にこの『てびき』を上手く活用すれば良いのでしょう。

実際に『てびき』を使う人は、「一定程度の考古学的知識と発掘調査経験をもつ者」(『集落遺跡発掘編』6頁）になります。また、大学や研究機関が実施する学術目的調査でも、発掘調査の基本に何ら変わりはないことから、この『てびき』が広く活用されることが期待されています。現在、いくつかの大学では、考古学実習などの授業のテキストとして『てびき』が活用されているそうです。

安全管理

現代社会において職場の安全管理の徹底はもはや常識であり、やってやり過ぎということはありません。とりわけ常に危険が伴う発掘現場では、正しい安全管理の考え方を周知徹底して実践し、事故・災害のない安全な発掘現場環境を作ることがとても重要になります。

安全管理は労働安全衛生法・同施行令・同規則によって規定され、発掘現場においては発掘調査区全体がその適応範囲になります。ヘルメット（保護帽）の着用は、トレンチ内での作業やトレンチ外でも危険な作業の時だけ対応すれば良いという誤解が、埋蔵文化財・考古学の世界では根強くあります。通常の工事現場と同様に、危険性の有無やトレンチ内外を問わず、発掘調査区内ではヘルメットの着用が義務づけられています。

発掘現場における事故でもっとも多いのが、発掘調査区や試掘トレンチの壁の崩落で、それは時に重大な事故につながります。掘削面の高さが2m以上になる場合、一般的には5mまでは75°の、5

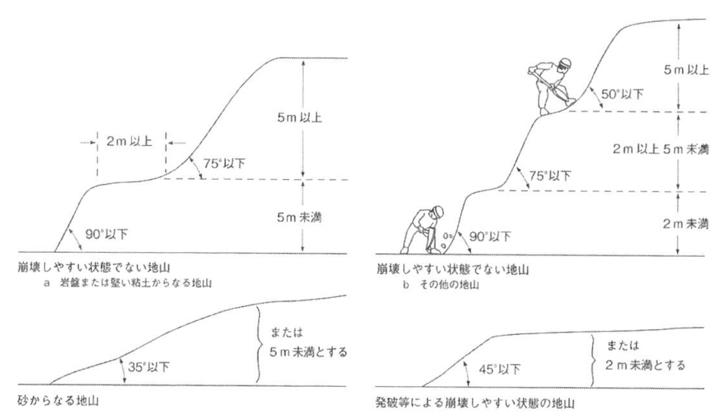

図22　発掘調査の安全管理：掘削面の勾配（『発掘調査のてびき―集落遺跡発掘編―』文化庁 2010）
発掘調査区や深い遺構の壁面崩落は、発掘現場においては頻発しやすく大きな事故につながります。このほかにも、ベルトコンベアー・発電機・水中ポンプなどの重量物も、その移動に際しては注意が必要です。

m以上は60°の勾配が求められます（図22）。しかし、地山が砂や崩落しやすい土壌の場合は、掘削深度の制限やさらに緩やかな勾配が必要になります。特に雨上がりの時など、2m以下の壁でも崩落の危険性は高いため、壁の近くでの作業には常に細心の注意が必要です。

また、夏場の発掘作業では、個々で異なる作業員の健康状態には十分に注意を払い、適宜の休憩や水分補給といった熱中症対策などの健康管理が常に求められます。さらに近年、作業員は自家用車で発掘現場に通勤することが多く、駐車場の設置や駐車場内での作業員同士の事故が起こらないようにする配慮も必要です。

記録保存調査

記録保存調査は、開発事業との調整の結果、遺跡を現状のまま保存することができないと判断され、やむを得ず破壊する時にその遺跡情報を余すことなく抽出して記録に残すことを目的におこなう、開発事業前の発掘調査のことです。したがって、発掘作業においては完掘が前提となります。日本でおこなわれる発掘調査の約95%はこの記録保存調査であることから、『てびき』でもこの記録保存調査を中心とした構成になっています。

記録保存調査が急増した高度経済成長期の1970年代から1980年代前半。1960年代末の安保闘争・学園紛争などを背景として発信された「発掘調査は遺跡破壊」との考え方に基づき、行政機関がおこなう記録保存調査に対しては、遺跡を徹底的に破壊する発掘調査として否定的に位置づけられる風潮が根強く残っていました。特に、「記録保存」という日本独自の保存手法は、時に行政が生み出した詭弁として揶揄されることもありました。

しかし一方で、開発面積に関係なくすべての遺跡を過不足なく徹底的に記録保存することは苦肉の策とはいえ、すべての遺跡を残し開発事業と対峙することが現実的でない実情を踏まえると、ギリギリの最善の策として位置づけることもできます。また、結果的ではありますが、それにより人的・組織的な体制整備が進み、安定的に発掘調査を実施することが可能になりました。そして、時として重要な遺跡は計画変更して現状保存をおこなうことも可能になり、併せて計り知れない多くの考古学的な成果を収めてきたこともまた事実なのです。

埋蔵文化財保護行政において記録保存調査が常態化しつつある現在、世界に類をみない「ギリギリの最善の策としての記録保存調査」という考え方を生み出したその当時の社会背景や具体的な経緯を、私たちは常にしっかりと学び継承していかなければ、埋蔵文化財保護の本質を見失ってしまうことになるでしょう。

保存目的調査

保存目的調査は、約 8,000 件にのぼる行政目的調査のなかでも５％ほどしかありません。したがって、約 5,600 人いる埋蔵文化財専門職員のなかには、この保存目的調査を一度も経験したことがない人も少なくはありません。保存目的調査とは、遺跡を保護・整備することなどを目的に、その遺跡の内容や範囲を確認するための発掘調査です。したがって、遺跡の破壊を最小限に抑えるため、極力少ない発掘調査量で、最大限の成果を挙げることが第一義になります。

保存目的調査でもっとも重要なことは、まず発掘調査の目的を明確にすることです。そして、この目的を達成するために、遺跡のどの部分をどういう手法で効率的に掘り下げるかを考えます。実際の発掘作業では最低限の掘り下げをおこない、目的が達成された時点で発掘作業を終了します。遺跡は掘れば掘るほど多くの情報を得ることができますが、同時に遺跡自体の遺存率はそれに反して減っていきます（図 23）。すなわち保存目的調査は、完掘を目的にすべての遺跡情報は抽出するがその代償として遺跡はなくなってしまう記録保存調査とは、対極的な位置にあるともいうことができます。

保存目的調査でもう一つ重要なことは、将来的に再検証ができるように少しでも多く掘り残すことです。日本では毎年約 8,000 件の発掘調査がおこなわれ、日々新しい遺跡情報（類似遺跡情報）が蓄積されています。また、新たな自然科学分析方法の開発や、デジタル技術の活用方法の展開、そしてなんといってもそれらを踏まえた考古学研究自体の進展が常に期待されます。その上で、10 年後あるいは 20 年後に再発掘調査をおこなうと、想像もしない数々の成果を得る可能性がとても高くなります。したがって、自分は遺跡情報のすべてを抽出することができる、といった調査担当者の驕りは保存目的調査には禁物です。

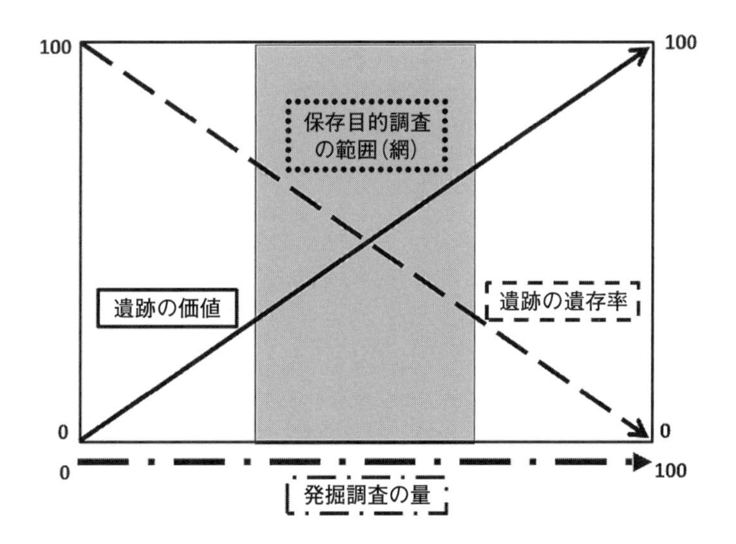

図 23　保存目的調査における発掘調査量と遺跡の遺存度及び成果との関係性
発掘調査量が増えれば遺跡の価値はそれだけ上がりますが、遺跡の遺存率は下がります。保存目的調査はそのバランスをどうとるかが難しく、しかしそれは極めて重要なことです。（筆者作成）

なお、保存目的調査の多くは国民の税金（おもに国庫補助事業）によって実施されます。したがって、費用対効果を踏まえた国民への説明責任が求められることも、念頭において進めなければなりません。

コラム 6　もう一つの発掘調査―学術目的調査―

日本では毎年約 8,000 件の発掘調査がおこなわれていますが、そのほとんどは行政目的調査（記録保存調査・保存目的調査）です。これに対し、大学や研究機関が考古学的目標を設定しておこなう学術目的調査は、年間 20〜30 件で全体の 0.3% 程度です。

完掘が目的でないため、行政目的調査のうち保存目的調査と学術目的調査は一見似ています。ところが、前者は遺跡の内容や範囲の把握が主目的となるため通常は発掘調査面積が広くなり、後者は社会構造・人間行動・生産技術などの考古学的な目標達成を主目的とするため通常は対象を絞った限定的な発掘調査になります。このように両者は、実際の発掘調査内容は大きく異なりますが、どちらも再現性のない発掘調査であることに変わりはありません。将来に再検証を可能にする発掘調査を心掛け、また掘削は最低限とする点においては、同じ理念と技術に基づいて実施されます。

発掘調査報告書の「総括」

総括とは、報告書の最後の部分で遺跡の総合的な評価、位置づけをおこなうことです。文化庁が2004（平成16）年に報告した『行政目的で行う埋蔵文化財の調査についての標準』において、「遺跡全体の構造や性格、時期的変遷等の客観的事実の整理及びその遺跡が地域の歴史の中でもっている意味、位置づけ等を記述する。従来、この項目は「考察」と称されることが多く、その意義付けが明確でなかったが、その目的・意義を明確に示すため「総括」と呼称するものである。」とされました。

考察というと考古学的な研究と混同されることが多く、かつては実際にその遺跡から出土した遺物を使って、遺跡の評価とは関係のない個人的な研究論文が掲載された報告書も少なからずありました。しかし、現在はそういうこともなくなり、この総括が徐々に浸透・定着してきた感があります。

では総括とは、どのような観点に基づき記述するのでしょうか。一般的にはまず、発掘調査した遺跡と同じ地域に所在する同時代の遺跡と比較・検討することで、その遺跡の性格が明らかになります。次に、同じ地域に所在する前後の時代の遺跡と比較・検討することで、その遺跡の変遷や系譜を知ることができます。こうすることで、地域のなかでの空間的・時間的位置づけが可能になります。すなわち、地域史の中の一構成要素として遺跡を位置づけることになり、言い換えると、その遺跡がその地域史の内容を豊かなものにするのです。そしてその遺跡が極めて重要な場合は、日本という国の歴史の内容にまで影響を及ぼす可能性もあるのです（図24）。

ところで、話は少し戻りますが、文化庁が「考察」を「総括」に呼称を変えた時に「文化庁は研究するなと言っている！」ということをしばしば耳にしました。しかし、総括とはまさに「地域史研究」であり、埋蔵文化財専門職員として長年地域に根づいて頑張っている方々は、発掘調査を通じてまさにその地域の歴史の再構築をおこなっています。したがって、地域史研究は積極的にすべきことなのです。ただし、この地域史研究も考古学的手法に基づくものであることから、時として個人的な考古学研究と区別が難しい場合が

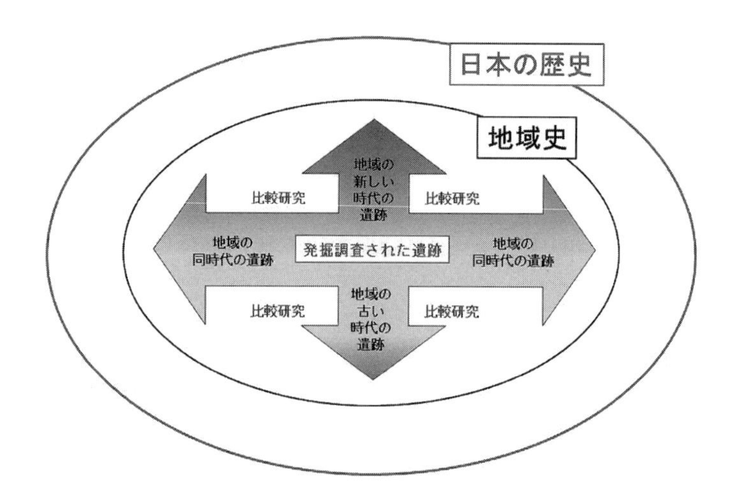

図24　発掘調査報告書における「総括」のイメージ
総括はその地域の歴史と文化を熟知し、併せて周辺の遺跡も網羅的に把握している地元の埋蔵文化財専門職員による担当と執筆が最適です。（筆者作図）

あります。勤務時間中に対応する業務としての地域史研究なのか、5時以降か休日に対応する個人的な考古学研究なのか、職場では良識と常識を踏まえた誤解のない対応・信頼関係が重要になります。

コラム7　竪穴住居か、竪穴建物か？

『てびき』では、従来「竪穴住居」と呼ばれていた遺構については「竪穴建物」としています。その理由については、「すべてが住居であったわけではなく、工房など、居住施設以外のものも存在する。そのため、掘立柱建物や礎石建物などの用語との対応関係も考慮して、竪穴建物とよぶこととする。」とあります。長い考古学研究での積み重ねや教科書での使用例から当然反対意見もあります。しかし、考古学には造語や内容と異なる慣例的な用語があり修正が必要であり、そしてあくまで『てびき』の中でのマニュアルとしての整合性を取るための措置という観点から、最終的には「竪穴建物」となっています。

ちなみに、遺構内の土の用語としては、東日本では「覆土」、西日本では「埋土」が通有しています。「覆土」は土の乾燥を防ぐために土を被せる、あるいは蒔いた種に土を被せるという意味であることからあまり適切ではないと考え、初出で「埋土（覆土）」という表現にし、以降はすべて「埋土」になっています。このように『てびき』を通じて、考古学造語の多さを知ることができます。

第3章　文化財保護法を読んでみよう！

1. 文化財保護法から考える

埋蔵文化財保護の歴史は文化財保護法とともに

埋蔵文化財という言葉の定義や語源、文化財保護法との関係については第1章第1節でも述べてきました。ここでは、文化財保護法における埋蔵文化財保護の歴史を確認します。

前述したように、文化財保護法が制定された1950（昭和25）年時点では、埋蔵文化財は遺物（考古資料）としての位置づけが意識されていたようで、「埋蔵物たる文化財」として有形文化財の枠組みに入っていました。また、発掘調査に際しては届出が義務化されましたが、これは濫掘・盗掘防止のためとされています。

1954（昭和29）年の法改正は、現在に通じる改正が多くおこなわれました。まず、埋蔵文化財は有形文化財の枠組みから切り離され、現在と同じ「土地に埋蔵されている文化財」として遺物と遺跡を一体的に捉えるようになりました。また、周知の埋蔵文化財包蔵地における開発事業については、工事着工の30日前までに文化財保護委員会（1968年から現文化庁）に届け出ることを義務づけ、文化財保護委員会は必要に応じて指示ができるようになりました。これにより、開発面積に関係なく埋蔵文化財を保護する、世界に類をみない日本独自の仕組みができあがりました。

1975（昭和50）年の法改正では、周知の埋蔵文化財における開発事業の主体者を公共機関とそれ以外に分けました。そして、公共機関以外に関しては届出期間を工事着工の30日前から60日前までに改め、公共機関には期間を明記せず事前協議の実施を求めました。公共機関以外に対しては期間を延ばしてしっかりとした協議の期間を設け、公共機関に対しては期間に関係なく協議の義務化を徹底したことになります。なおこの時、周知の埋蔵文化財包蔵地における開発事業の許可制や、発掘調査費用について原因者負担の法制化も検討されましたが、日本の法体系の中では困難と判断されました。

2000（平成12）年には、「地方分権の推進を図るための関係法律の整備等に関する法律」いわゆる「地方分権一括法」の制定に伴い文化財保護法も改正され、埋蔵文化財に関する各種事務が都道府県や政令指定都市に権限委譲されました。この時、指示内容として「当該発掘前における埋蔵文化財の記録の作成のための発掘調査の実施」が明文化され、これにより記録保存調査が法的に位置づけられたことになります。なお、この時の改正に際しても原因者負担の法制化が検討されましたが、やはり前回と同様の理由により実現しませんでした。

埋蔵文化財については制定直後の修正、1960年代後半から始まる高度経済成長に伴う大規模開発事業への対応、1990年代以降の地方分権化への対応、という大きな社会的な情勢の変化に応じて適宜改正がおこなわれたことがわかります。これは、日本独自の埋蔵文化財保護の特性をよく表している事象といえるでしょう。

「総則」を味わう

みなさんは文化財保護法の総則を読んだことがありますか。ここには、日本独自の文化財保護の精神と理念が明記されており、当然のことですが第2条の「文化財の定義」以外は1950（昭和25）年の制定時のまま現在まで続いています。

第１条は「この法律の目的」です。冒頭において「文化財を保存し、且つ、その活用を図り」とあるように、文化財保護は「保存」と「活用」から成ること、あるいはそれらが一体であることが明確に位置づけられています。そして「国民の文化的向上に資するとともに、世界文化の進歩に貢献する」ことが謳われており、単に日本国内だけの問題に留まらず、世界文化への貢献をも進める崇高な理念であることがわかります。

第２条は「文化財の定義」ですが、埋蔵文化財については第１章第１節で前述したとおりです。

第３条は、「政府及び地方公共団体の任務」です。「その保存が適切に行われるように、周到の注意をもってこの法律の趣旨の徹底に努めなければならない」と記されています。ここで少し気になるのは、この第３条には「活用」の文字がないことです。2019（平成31）年４月の法改正により活用が強調されましたが、それとの関係は不明です。

第４条は、「国民、所有者等の心構」です。第１項は、国民は政府及び地方公共団体の取り組みに協力することを示しています。第２項は、文化財の所有者等はそれが国民的財産であることを自覚し、保存と活用に努めることを示しています。埋蔵文化財関係の文献や関係者の会話などにおいて、よく「文化財は国民共有の財産」という文言を見聞しますが、文化財保護法にはその文言はなく、それに一番近い文言としてはこの「国民的財産」が挙げられます。そして第３項では、「政府及び地方公共団体は、この法律の執行に当たって関係者の所有権その他の財産権を尊重しなければならない」とあります。このように、文化財の所有者の権利保障が最優先として位置づけられていますが、これは「基本的人権」や「国民主権」を謳う日本国憲法の下に文化財保護法があることを示していると考えられます。このようにみてくると、文化財の所有者には保存と活用の義務はあるが、同時にその所有権や財産権は政府や地方公共団体によって保障される、ということになります。

第一章　総則

（この法律の目的）

第一条　この法律は、文化財を保存し、且つ、その活用を図り、もつて国民の文化的向上に資するとともに、世界文化の進歩に貢献することを目的とする。

（文化財の定義）

第二条　この法律で「文化財」とは、次に掲げるものをいう。

※第一項四以外は省略

四　貝づか、古墳、都城跡、城跡、旧宅その他の遺跡で我が国にとつて歴史上又は学術上価値の高いもの、庭園、橋梁、峡谷、海浜、山岳その他の名勝地で我が国にとつて芸術上又は観賞上価値の高いもの並びに動物（生息地、繁殖地及び渡来地を含む。）、植物（自生地を含む。）及び地質鉱物（特異な自然の現象の生じている土地を含む。）で我が国にとつて学術上価値の高いもの（以下「記念物」という。）

（政府及び地方公共団体の任務）

第三条　政府及び地方公共団体は、文化財がわが国の歴史、文化等の正しい理解のため欠くことのできないものであり、且つ、将来の文化の向上発展の基礎をなすものであることを認識し、その保存が適切に行われるように、周到の注意をもつてこの法律の趣旨の徹底に努めなければならない。

（国民、所有者等の心構）

第四条　一般国民は、政府及び地方公共団体がこの法律の目的を達成するために行う措置に誠実に協力しなければならない。

2　文化財の所有者その他の関係者は、文化財が貴重な国民的財産であることを自覚し、これを公共のために大切に保存するとともに、できるだけこれを公開する等その文化的活用に努めなければならない。

3　政府及び地方公共団体は、この法律の執行に当つて関係者の所有権その他の財産権を尊重しなければならない。

2. 意外と少ない「第6章　埋蔵文化財」①（法第92〜99条・発掘調査）

発掘調査の届出（法第92条、参考資料1・127頁）

文化財保護法のなかの「埋蔵文化財」は、規制や罰金が少なく緩い法律とみられがちです。しかし、法第92条の発掘調査の届出に際しては、「埋蔵文化財の保護上特に必要があると認めるときは、文化庁長官は、（中略）その発掘の禁止、停止若しくは中止を命ずることができる」とあります。すなわち、地方公共団体以外の組織が発掘調査をおこなおうとしても、例えばその目的や体制、あるいは報告書の刊行計画が不十分な場合、さらには実際の発掘調査に際して不適切な発掘作業内容の場合などには、禁止・停止・中止など非常に強く規制することができるのです。具体的には、重要な遺跡が確認された場合に求められる埋蔵文化財保護に関する取り扱いや、再現性がない遺跡を不十分な体制や計画で発掘調査される事案などが生じた場合に、このような厳しい対応がなされるのです。

しかし、これまでに禁止・停止・中止が実際に命じられた事例は管見の限りではありません。それは、発掘調査の届出に際して届出者が事前に、届出先である関係の市町村や都道府県と十分に協議をおこない、その発掘調査にふさわしい目的や体制になるような調整がすでになされているからだと考えられます。この事前の調整が十分におこなわれる背景には、もちろん現在の埋蔵文化財保護制度の定着があります。それと同時に、遺跡の発掘調査には生半可な気持ちでは臨めないという埋蔵文化財保護への理解が、発掘調査を実施する人たちの間に広く醸成されている現状もあるようです。

なお、発掘調査の届出に必要な記載事項については書式が決まっていますが、それが1954（昭和29）年の法改正に伴う規則（昭和29年6月29日付文化財保護委員会規則第5号、参考資料2・134頁）の第1条によるものであることは意外に知られていません。また、届出をせずに発掘調査をおこなった場合は、5万円以下の過料が課せられます（法第203条）。

開発事業の届出（法第93条、参考資料1・127頁）

毎年約8,000件の発掘調査件数は、世界的にみても傑出した多さです。その最大の理由はこの法第93条にあります。日本には現在約46万8,000カ所の周知の埋蔵文化財包蔵地があります。その範囲内で開発事業が生じた場合、その主体者は開発事業面積の広狭に関係なく届出をすることが義務づけられています。第1章第2節でも述べたように、日本では行政における埋蔵文化財保護の体制の整備と国民による埋蔵文化財保護の意識向上から、この届出件数が年々増えています。これにより、どんなに小さな開発事業でもその内容が把握でき、適切な対応（指示）を図ることが可能になり、結果としてそれが埋蔵文化財保護にとって非常に重要なシステムになっています。

この法第93条については罰則規定がありません。これまで海外の関係者と意見交換をおこなう機会が何度かありましたが、罰則規定がないにもかかわらず届出がしっかりとおこなわれている事実と、開発事業面積に規定がない事実に各国の関係者は一様に驚いていました。かつて日本でも、無届での開発事業が少なくありませんでしたが、そうするとその行為を非難する報道などがなされ社会的な制裁が下されることもあり、また国民の埋蔵文化財保護意識の向上もあり、無届の開発事業は徐々に減ってきました。このような日本独自のスタイルを可能にした背景には、おそらく文化財に対する特別な保護意識を有する日本人の国民性によるところが大きいと考えられます（第8章第1節）。

ところで、この届出に必要な記載事項についても書式が決まっていますが、それもやはり1954（昭和29）年の法改正に伴う規則（昭和29年6月29日付文化財保護委員会規則第5号、参考資料2・134頁）の第2条によります。その中でもっとも重要な項目は、第2項の「土木工事等をしようとする土地及びその付近の地図並びに当該土木工事等の概要を示す書類及び図面」です。要は、開発事業の範囲と掘削深度が埋蔵文化財保護にとって重要な判断材料になるのです。

埋蔵文化財包蔵地の周知（法第95条、参考資料1・127頁）

法第93・94条の届出や通知を確実におこなうようにするには、より精度の高い埋蔵文化財包蔵地の周知化が重要になります。その具体的な方法については、埋蔵文化財保護行政のバイブルともされる「平成10年通知」のなかの、「4　埋蔵文化財包蔵地の把握と周知について」において詳述されています。

その中では埋蔵文化財として扱う範囲の原則としては、以下の3項目が明記されています。

1. おおむね中世までに属する遺跡は，原則として対象とすること。

2. 近世に属する遺跡については，地域において必要なものを対象とすることができること。

3. 近現代の遺跡については，地域において特に重要なものを対象とすることができること。

これについて、文化庁は近世以降の遺跡を蔑ろにしているのではという意見もあります。しかし、近世以降の遺跡の多くは現代の私たちの生活領域と重なることが多く、そのすべてを保護の対象にすることは、1990年代当時はまだ現実的には困難な状況であり、地域において選択的な対応を求めざるを得ませんでした。しかし最近では、近代以降の産業遺跡や戦争遺跡にも広く保護の目が向けられるようになり、各地方公共団体でも積極的な保護の取り組みがおこなわれるようになっています。また、文化庁も『発掘調査のてびき―集落遺跡発掘編―』（2010年刊、51頁）のなかで、保護の対象として認知されだした近世以降の遺跡の保護について最近の考え方を示しています（図25）。

埋蔵文化財包蔵地の所在・範囲の把握は，地域に密着して埋蔵文化財の状況を適切に把握することができる市町村がおこないます。そして、都道府県がその内容を広域的な観点から吟味・決定し、遺跡地図や遺跡台帳に登載して周知化を進めます。近年は市町村のホームページなどで周知の埋蔵文化財包蔵地を容易に確認できるようになり、法第93条の届出もトラブルが減りスムーズになった要因の一つと考えられます。

遺跡の不時発見（法第96条、参考資料1・127頁）

文化財保護法では、例えば周知の埋蔵文化財包蔵地外での開発事業などに際して、遺跡が不時に発見された場合の対応についても規定しています。

まず発見者（法第96条では国や地方公共団体以外）は、文化庁

図25　史跡板東俘虜収容所（板東俘虜収容所集合写真　上：鳴門市ドイツ館提供、下：廠舎第5棟跡　鳴門市教育委員会提供）

第一次世界大戦中の1914（大正3）年、日英同盟に基づき中国青島のドイツ租借地へ侵攻した日本軍はドイツ兵4,715人を捕虜とし、そのうち約1,000人を集めたのがこの板東俘虜収容所です（上）。所内では捕虜がボーリングなどのスポーツ活動や音楽活動、新聞発行や製パン、そして地域住民とも交流をおこないました。ベートーベンの第九番交響曲が日本で最初に演奏された場所としても有名です。発掘調査では製パン所や兵舎（バラッケ、下）の跡も確認され、2018（平成29）年には日本における第一次世界大戦を物語る貴重な遺跡として国の史跡に指定されました。

長官に速やかに届出をおこない、保護のための調査が必要と認める時には、関係地方公共団体の意見を聴聞した上で、その土地の所有者などに対して3カ月間の期間をもって現状変更の停止または禁止を命じることができます。この期間は必要に応じて1回だけ、通算して6カ月間に延長することができます。仮に届出がおこなわれなくとも、文化庁長官は同様の措置をとることが可能です。ただし、現状変更の停止または禁止によって損失を受けた人には、国はその損失を補償することになります。

しかし、これまでにこのような措置がとられた事例は管見の限りではありません。それはひとえに埋蔵文化財保護の体制が整備され、国民の埋蔵文化財保護の意識が向上したことによると考えられます。すなわち、仮に開発事業に際して不時発見があったとしても、停止や禁止をする前に開発事業者と協議・調整をおこない、計画変更による現状保存の措置や記録保存調査の実施が円滑におこなわれるようになったからと考えられます。

なお、2000（平成12）年のいわゆる地方分権一括法により、法第92～94・96・97条については、都道府県や政令指定都市などの地方公共団体にその権限が委譲されています。また、この法第96条の届出がおこなわれなかった場合は、5万円以下の過料が課せられます（法第203条）。

コラム8　国営発掘調査（法第98条、参考資料1・127頁）

「国営発掘調査」は通称であり、正しくは「文化庁長官による発掘の施行」になります。これは「歴史上又は学術上の価値が特に高く、かつ、その調査が技術的に困難なため国において調査する必要があると認められる」場合に、文化庁（埋蔵文化財部門）が直接に発掘調査をおこなうことです。これまでに文化財保護法が制定された直後の1950（昭和25）年から1969（昭和44）年まで以下の13遺跡が発掘調査さ

図 26　現在の大湯環状列石（上：筆者撮影）と発掘調査報告書の巻首図版（石井柏亭 画、『大湯町環状列石』文化財保護委員会 1953）

れ、そのほとんどが特別史跡や史跡に指定されています（図 26）。

吉胡貝塚：愛知県田原市 1950（昭和 25）年／大湯環状列石：秋田県鹿角市 1951（昭和 26）年から 2 カ年／無量光院跡：岩手県平泉町 1952（昭和 27）年／志登支石墓群：福岡県糸島市 1953（昭和 28）年／平城宮跡：奈良県奈良市 1954（昭和 29）年／四天王寺境内：大阪府大阪市 1955（昭和 30）年から 3 カ年／成川遺跡：鹿児島県指宿市 1958（昭和 33）年／秋田城跡：秋田県秋田市 1959（昭和 34）年から 4 カ年／石城山神籠石：山口県光市 1963（昭和 38）年から 2 カ年／城輪柵跡：山形県酒田市 1965

（昭和 40）年／相模国分寺跡：神奈川県海老名市 1966（昭和 41）年／末松廃寺跡：石川県野々市町 1967（昭和 42）年／法隆寺境内若草伽藍跡：奈良県斑鳩町 1968（昭和 43）年から 2 カ年

かつて国営発掘調査がおこなわれた背景には、まだ地方公共団体に発掘調査をおこなう体制が整備されていなかった経緯があるといわれています。坪井清足氏によると、1965（昭和 40）年以降は開発事業が急増し、それに伴い地方公共団体において埋蔵文化財専門職員が配置されることで、結果として国営発掘調査をおこなわなくてもよい体制が徐々に構築された、とのことでした。

3. 意外と少ない「第 6 章　埋蔵文化財」②（法第 100～108 条・出土品取扱い）

ここでは、実際に国が対応することは現状ではほとんど想定されないことから、混乱を避けるために国が対応する場合以外を前提とします。

意外と難しい埋蔵物発見届けと文化財認定（法第 100～103 条、参考資料 1・127 頁）

一般的に、発掘調査によって出土した遺物は、所有者が判明している時は直ちにそれを所有者に返還します。この場合の所有者とは、その遺物の本来の所有者であり、現在の土地の所有者ではありません。所有者が判明しない時は、遺失物法第 4 条第 1 項の規定に基づき、発掘調査をおこなった者は埋蔵物として最寄りの警察署長にそれを差し出します。そして警察署長は遺失物法第 7 条第 1 項に基づき公告をおこないます（法第 100 条）。警察署長はそれが文化財ではないかと認められる時、発見された土地を管轄する都道府県・政令指定都市などの教育委員会にそれを提出しなければなりません（法第101条）。そして、都道府県・政令指定都市などの教育委員会はそれを鑑査して文化財であると認められる時はその旨を警察署長に通知し、そうでない時はそれを警察署長に差し戻します（法第102条）。なお、その発掘調査を都道府県・政令指定都市などがおこなった場合には、警察署長に提出ではなく通知をおこなうことになります（法第100条第2項）。また、実際には遺物の提出や差し戻しは書面でおこなわれます。警察署長による公告で所有者がみつかり返還の請求があった場合は、遺物を所有者に引き渡します（法第103条）。

この法第100条から法第103条にかけては、遺失物法との関係から、また発掘調査を都道府県・政令指定都市などがおこなった場合とそうでない場合とで対応が異なるため、さらには所有者の有無確認も併せておこなわれるため、理解が難しい部分です。ここでは概要を説明しましたので、実際にこのような事案に直面した場面では十分に注意した対応が望まれます。

遺物は誰のもの？（法第104～107条、参考資料1・127頁）

さて、では出土した遺物は誰のものになるのでしょうか。

国の機関など以外が発掘調査をおこなって出土した遺物の所有権に関して、その所有者が判明しないものについては、発見された土地を管轄する都道府県に帰属します。この場合、都道府県教育委員会は発見者（発掘調査者）と土地の所有者にその旨を通知し、遺物の価格に相当する額を都道府県の教育委員会が決めて、それを報償金として支給します。発見者と土地の所有者が異なるときは、報償金を折半して支給します（法第105条）。

都道府県に帰属した遺物のうち、都道府県が保有する必要がある場合を除き、その遺物を発見者または発見された土地の所有者に譲与することができます（法第107条）。

このように、発掘調査によって出土した遺物の所有権と譲与については、発見者とその土地の所有者が対象となります。しかし実際には、法第92条や法第99条の発掘調査に際して、地方公共団体などが出土した遺物の保存や活用を適切におこなうことを理由に、土地の所有者からその権利の放棄を書面をもってお願いしています。したがって現状では、ほとんどの場合、その所有権は地方公共団体に帰属することが一般的です。前述の文化財認定と同様に、ここでの説明はその概要になりますので、実際にこのような事案に直面した場合は十分に注意した対応が望まれます。

第4章　発掘調査の費用負担は誰が、そして どこからどこまで？

1. 原因者負担

原因者負担って何？

道路工事や建物建設などの開発事業に際して記録保存の発掘調査が必要になった場合、その費用については、一般的にその開発事業の主体者に負担をお願いします。これは、国民的財産である文化財を破壊する原因を作った主体者に費用負担をお願いする、という考え方に基づきます。しばしば「原因者負担は制度」という話を耳にしますが、これは大きな間違いです。あくまで理解と協力を求めるものであり、決して制度ではありません。負担する側も、負担をお願いする側も、そのことをしっかりと把握して、一緒に文化財を保護するという意識を共有することがとても大事になります。特に負担をお願いする側は、その遺跡の重要性や発掘調査の必要性とその内容、そして文化財保護の意義を十分に説明して理解いただくことが不可欠です。

この原因者負担の考えが遺跡の発掘調査に適用されるはじまりは、1964（昭和39）年2月の「文化財保護委員会事務局長通知」からとされます（参考資料4・140頁）。前述したように（第3章第1節）、日本ではこの原因者負担を法制化する動きが、1975年と2000年の文化財保護法の改正に際してありましたが実現しませんでした。しかし、欧州の多くでは法制化されています。お隣の韓国でも、2011年に改正された「埋蔵文化財の保護及び調査に関する法令」では、その第11条に「その経費は（中略）当該工事の施行者が負担する」と明記されました。韓国文化財庁発掘制度課によると、韓国における原因者負担の法制化の要因は、原因者負担に関する訴訟の増加に対応するためとのことでした。日本ではこの種の訴訟はいまだ数例しかありませんが、その背景には文化財の保護意識に関する日本人の国民性が大きく関係していると考えられます（第8章第1節）。

原因者負担の範囲

原因者負担の具体的な範囲の規定については、1965（昭和40）年6月の文化財保護委員会と日本住宅公団とが交わした覚書に始まりますが、一般的には1971（昭和46）年11月に建設省（現．国土交通省）が発出した通知（昭和46年11月1日付建設省道一発第98号「直轄道路事業の建設工事施工に伴う埋蔵文化財の取扱いについて」）が広く通有されました。その後、2010（平成22）年10月に原因者負担の範囲について会計検査院の指摘（平成22年10月26日付22検第635号「道路整備事業を行う国道事務所及び地方公共団体が負担する埋蔵文化財の発掘調査費用の算定について」）を受けた国土交通省は、文化庁との協議を重ねた結果、以下の内容に基づく新たな通知を発出しました（平成26年12月1日付国道国防第158号「直轄道路事業の建設工事施工に伴う埋蔵文化財の取扱いの一部変更について」、参考資料5・142頁）。

① 予備調査（分布調査、試掘・確認調査）は文化財保護部局の負担とする。ただし、準備作業（調査対象地の樹木の除去、進入路の確保など）は国土交通省の負担とする。

② 発掘作業は文化庁の「埋蔵文化財緊急調査費国庫補助要項」に準拠し国土交通省が負担するが、関係地方公共団体の職員については旅費のみとする。

③　整理等作業も文化庁の「埋蔵文化財緊急調査費国庫補助要項」に準拠し、出土遺物の応急的な保存処理を含め国土交通省が負担するが、関係地方公共団体の職員については旅費のみとする。

④　発掘調査報告書は印刷費（上限300部）及び配布送料を国土交通省が負担する。

これにより原因者負担の範囲が明確になり、現在ではこの通知の考え方が他の発掘調査に際してもおよそ原則として通有するようになりました。この新たな通知のポイントは、文化庁が1995（平成7）年以降に「埋蔵文化財発掘調査体制等の整備充実に関する調査研究委員会」において取りまとめた各種通知や報告、さらには文化庁が2010・2013（平成22・25）年に刊行した『発掘調査のてびき』によって整理した考え方や文言に基づき作成されていることです。まさに、現在の発掘調査の在り方に適応した内容になっています。このように発掘調査もこれまでの経緯や前例を踏襲・尊重しながら、その時代の要求に応じて内容や手法や考え方を柔軟に変えていくことが必要です。

コラム9　風化する遺跡保存運動

現在の埋蔵文化財保護に関する理念や制度、そして人員や体制などは、その始まりとされる1960年代後半以降着実に成長・発展し、ある意味安定期に至っているとも考えられます。しかし、その出発点としては、1960年代を中心に全国各地でおこなわれた遺跡保存運動が、大きな転機になったことを忘れてはいけません。

遺跡保存運動の先駆けは1955（昭和30）年のいたすけ古墳（大阪府）でしょう（図27）。百舌鳥古墳群を構成する墳丘長146 mの前方後円墳に宅地開発の危機が迫ったため、市民による署名活動や新聞報道で世論が動き、最終的には募金などにより地元の堺市が買い取ることで保存されました。

図 27　いたすけ古墳（上）と開発事業の名残りとしての橋脚跡（下）
周濠に架かる壊れた橋脚は、墳丘を土取りするために開発事業者が敷設した名残です。現在この古墳には、多数のタヌキが生息しています。（上：堺市提供、下：筆者撮影）

図28　綾羅木郷遺跡の発掘調査風景（下関市教育委員会提供、グループSYS新谷照人、吉岡一生、清水恒治撮影）
1970年代以降、遺跡の意図的な破壊は徐々に減ったとはいえ、1980年代までは各地でまだまだ続いていました。法第191条で規定された文化財保護指導委員の役割は「文化財について、随時、巡視を行い、並びに所有者その他の関係者に対し、文化財の保護に関する指導及び助言をするとともに、地域住民に対し、文化財保護思想について普及活動を行う」ことでしたが、実際には意図的な遺跡破壊がないようにパトロールすることが、その当時の大きな役割でした。

迫りくるブルドーザーの前で、弥生時代の貯蔵穴を発掘調査する図28の写真。砂採取がおこなわれ破壊の危機に瀕した綾羅木郷（あやらぎごう）遺跡（山口県）では、全国から有志が集まりギリギリのところで発掘調査を進めていました。しかし1969（昭和44）年3月8日夜、開発事業者がブルドーザー11台を投入して遺跡破壊を強行。これに対し、事の重大さを危惧した文化庁は史跡指定の手続きを早急に進め、3月11日には官報告示をおこない遺跡を護りました。

またこの頃から、加曽利貝塚（千葉県）や大宰府跡（福岡県）などのように、行政が発掘調査をおこなって遺跡の重要性を市民に示し、それに基づき市民と行政が一体となって保存運動を進める、現在に通じるスタイルが全国に広がっていきました。

現在では、こういった遺跡保存運動の歴史も過去のものとなり、国民はもちろん埋蔵文化財専門職員でさえも知らない状況になってきました。世代交代が進む上では致し方ないことですが、考古学的手法に基づく埋蔵文化財保護を担当する専門職員には、こういった埋蔵文化財保護の歴史を知り、国民に伝えることも重要な責務になります。

2. 補助金

国庫補助金は埋蔵文化財保護の強力な武器

国が地方公共団体に交付する予算の種類としては、地方交付税交付金と国庫補助金があります。前者は、地方公共団体間の財源の偏りを調整することを目的に、各地方公共団体のさまざまな状況・条件に応じて使い途を定めずに交付する資金のことです。これに対して後者は、国が使い途を特定して地方公共団体に交付する資金のことで、国の政策に関係した事業に対して経費の一部を負担して実現を図るというものです。

埋蔵文化財の国庫補助金については、おもに報告書作成までを含めた発掘調査に関する補助金「埋蔵文化財緊急調査費国庫補助」と、おもに発掘調査終了後の活用に関する補助金「地域の特色ある埋蔵文化財活用事業費国庫補助」があります。いずれも原則として、事業費の50% を国が負担します。

前者の具体的な対象事業としては、分布調査、試掘・確認調査、個人専用住宅などの建設に伴う発掘調査、保存目的調査、遺物の保存処理などがあります。分布調査と試掘・確認調査は、遺跡の有無を確認するもので、これは行政側の責任に基づきおこなわれるものです。営利目的ではない個人専用住宅などの建設に伴う発掘調査では、個人の財産権の保障という観点により原因者負担の考えは当たらないとされています。保存目的調査は、地方公共団体が域内において重要な遺跡を将来にわたって保存・活用するという観点から、遺跡の内容や範囲を明らかにするものです。遺物の保存処理も基本的には応急的ではなく、将来にわたっての保存と活用が期待されるという観点によります。この他にも、原因者が存在しない自然崩壊の危機にさらされた遺跡を、崩壊・滅失前に記録保存調査する場合も対象になります。

後者の具体的な対象事業としては、埋蔵文化財の整理・収蔵及び公開などをおこなうために必要な設備として、埋蔵文化財センターや展示施設の設置があります。また、埋蔵文化財の普及・啓発の事業としては、遺跡の説明版の設置、広報資料の作成と配信、体験学習会・講演会・シンポジウム・公開講座などの公開・普及に関連した事業、公開活用のために必要な遺物の分類・再分類・収納・再収納、模型の製作などがあります。この後者については、2004（平成16）年から始まったためまだ歴史が浅く、また急激な社会変化やデジタル技術の普及により、今後も時代のニーズに応じて名称や内容の変更が続くことが予想されます。

手続きとスケジュール

ここでは、埋蔵文化財の国庫補助金の申請から交付決定までの1年間の流れを追ってみましょう。

文化庁ではまず8月末に、次年度の国庫補助金の概算要求を財務省に対しておこなうため、7月上旬に地方公共団体に対して次年度に予定される国庫補助事業費の予定額を照会します。

次に文化庁は、12月初頭までに、地方公共団体が実施する次年度の国庫補助事業の詳細な計画書を提出してもらいます。そのため市町村は都道府県のヒヤリングを11月中旬までに受けることになります。文化庁では提出された事業計画書の内容のチェックを12月中におこないます。ちなみに、埋蔵文化財関係の国庫補助事業の

図 29　文化庁における国庫補助金のヒヤリング風景

文化庁の講堂で 2 日間にわたっておこなわれる 47 都道府県を対象としたヒヤリングでは、全国から約 400 人の担当者が集まり、文化庁の担当者と顔を突き合わせて実施予定の事業内容について意見交換をおこないます。（筆者撮影）

件数は毎年およそ 900 件ですが、これは文化庁の文化財保護に関する国庫補助事業総件数の約 4 割に相当し、埋蔵文化財関係の補助金の件数の多さを示しています。

文化庁では、1 月上旬に 2 日間にわたって 47 都道府県の担当者と一堂に会してヒヤリングをおこないます（図 29）。これを踏まえ文化庁は、2 月上旬に地方公共団体に対して交付金額の内定を通知し、地方公共団体は 2 月下旬に交付申請書を提出して、それを踏まえ文化庁は原則 4 月 1 日に交付決定をおこないます。これにより、地方公共団体は国庫補助事業を 4 月の年度当初から実施することができます。

国庫補助事業の開始後、事業内容に大幅な変更が生じる場合は文化庁に対して適宜計画変更申請をおこない、その許可を得てから事業の変更をおこないます。また、途中で金額の増減の必要性が生じた場合も、2～3 回程度（自然災害などに即応するため回数は不定）変更可能なタイミングがあるため、それに合わせて交付決定額の変更をおこなうことができます。そして年明けの 3 月末までに事業を完了させ、都道府県の事業については文化庁が、市町村の事業については都道府県が事業内容をチェックして最終的に事業額の確定をおこないます。なお、諸般の事情で例えば発掘調査報告書の印刷が遅れる場合など、その印刷費の執行を次年度に繰り越すことも可能で、臨機応変な対応ができる仕組みになっています。

埋蔵文化財の国庫補助金は、手続きなど少し面倒な部分もありますが、計画的に運用することで安定的な埋蔵文化財保護を進めることができる強力な武器になります。

3. 積　算

文化庁の積算標準、都道府県の積算基準

国民的財産である埋蔵文化財の発掘調査は、国民の理解と協力を得るべく客観的・合理的な標準に基づきおこなわれることが重要です。特に、一定の内容や条件の下であれば、どのような調査機関が実施しても常に一定の経費と期間が算出される必要があります。そこで文化庁は「埋蔵文化財発掘調査体制等の整備充実に関する調査研究委員会」との検討を通して、2000年9月に「埋蔵文化財の本発掘調査に関する積算標準について」を報告しました。

文化庁は、それまでに全国7ブロック（北海道・東北、関東甲信越静、東海、北陸、近畿、中四国、九州）で策定されていた積算標準を検討して課題などを抽出し、新たに全国で通有する積算標準を策定しました。そして、各都道府県ではこれを参考にして、地域性や実績に応じた積算基準の策定を進めました。

文化庁が報告した積算標準は、発掘作業を事前準備、各種掘削作業と遺構検出作業、図面作成・写真撮影作業・埋め戻し作業に、整理等作業を記録類・遺物の整理に、そして報告書作成作業とに分けました。その上で、発掘作業においては、作業内容に応じた標準歩掛と遺跡の状況に応じた補正係数を設定することで、標準的な経費と期間の算出を可能にしました。また、整理等作業や報告書作成においても、発掘作業期間や遺物の内容と量に基づき同様な対応をしました。このことを踏まえ、現在ではほとんどの都道府県で独自の積算基準が策定・運用されています。

試掘・確認調査の重要性

「平成10年通知」において、「試掘調査」は埋蔵文化財の有無を確認するためにおこなう部分的な調査、「確認調査」は埋蔵文化財の範囲・性格・内容の概要を把握するための部分的な調査とされています。両者には手法の差はなく、また多くの場合両方の目的を一度で達成するように一連の作業としておこなうことから、通常は分けずに「試掘・確認調査」とされています。

試掘・確認調査は、周知の埋蔵文化財包蔵地の範囲の決定はもちろん、開発事業に際して調整・判断の根拠となる埋蔵文化財の情報抽出、そして記録保存調査が決定した際の経費と期間の算出などのために実施される事前の調査です。すなわち、埋蔵文化財保護におけるもっとも初動的かつ重要な調査として位置づけられています。

調査方法自体は部分的に掘り下げをおこなう単純なものですが、狭い範囲のなかで、周辺地形、周辺で過去に実施された発掘調査の成果、出土遺物及び出土状況、土層の状態など、限られた条件と情報に基づき遺跡の内容や範囲について適切な判断が求められます。したがって、大規模遺跡の発掘調査経験や各種情報の収集と分析能力が必要なもっとも難しい発掘調査ともいわれています。

なお、試掘・確認調査にかかる費用は原因者負担の範囲外、すなわち一般的には埋蔵文化財保護行政側がおもに国庫補助事業として対応します。その理由は、遺跡の有無などの判断は行政側の責任であることと、その判断にかかる費用を原因者負担にすると判断の信用性に問題が生じるからです。

コラム10　発掘調査経験が少ない埋蔵文化財専門職員

近年、法人調査組織を有する地方公共団体では、発掘調査経験が少ない埋蔵文化財専門職員（このコラムに限り以下「専門職員」とする。）が増加する傾向にあります。その要因としては、地方公共団体は埋蔵文化財保護行政、法人調査組織は発掘調査と役割分担を明確にしてきたことが挙げられます。

かつては、地方公共団体の専門職員と法人調査組織の専門職員（この場合法人調査組織が直接に採用した専門職員）の間では、積極的に人事交流がおこなわれていました。しかし、公益法人制度改革や労働者派遣法との関係などからそれも徐々に減少し、現在ではこの種の人事交流はほとんどおこなわれていません。そうすると必然的に、地方公共団体の専門職員が発掘調査を経験する機会が少なくなります。特に、人事交流がなくなって以降に採用された若手の専門職員の場合はそれが顕著です。そこで、地方公共団体によっては、独自に発掘調査を実施する機会や法人調査組織の発掘調査に一定期間参加する機会などを設けて、この問題の解消を図っています。

第5章　文化庁の通知や報告はどれほど重いのか？

1. 埋蔵文化財のバイブル「平成10年通知」

平成10年通知とは？

「平成10年通知」とは、文化庁次長が各都道府県教育委員会教育長に宛てた1998（平成10）年9月29日付庁保記第75号「埋蔵文化財の保護と発掘調査の円滑化等について」という通知の通称です。この通知が発出された理由は、その前文にあるとおり、1994（平成6）年7月の閣議決定「今後における規制緩和の推進等について」や、1995（平成7）年11月の総務庁勧告「芸術文化の振興に関する行政監察結果報告書」などにより、埋蔵文化財保護と発掘調査に関して一層の充実が求められたこととされています。

この平成10年通知は、①基本的事項、②埋蔵文化財の組織・体制のあり方とその整備・充実について、③開発事業との調整について、④埋蔵文化財包蔵地の把握と周知について、⑤試掘・確認調査について、⑥開発事業に伴う記録保存のための発掘調査等について、⑦発掘調査の経費等について、別紙①発掘調査を要する範囲の基本的な考え方、別紙②記録保存のための発掘調査その他の措置を行う場合、の7項目2別紙によって構成されています。

②では、都道府県と市町村に求められる体制や役割分担が示され、併せて地方公共団体が設立した法人調査組織との関係性や、民間調査組織を利用する前提条件なども記されています。④では、中世・近世・近現代の各種遺跡の取り扱いの考え方や、埋蔵文化財包

蔵地の周知化に関する具体的な方法と都道府県と市町村の役割分担が規定されました。⑥では、日本独自の埋蔵文化財保護の手法とされる盛土の考え方が示されました。⑦では、記録保存調査の実施に際して問題になりやすい原因者負担の考え方とその具体的な範囲、さらには別紙では経費と期間の積算根拠の提示の必要性などがまとめられています。

この他にもこの平成10年通知には、現在日本で進められている埋蔵文化財保護行政の原則や基本的な考え方が網羅的に整理されていることから、埋蔵文化財保護行政の世界ではバイブル的存在になり、広く「平成10年通知」と呼ばれています。

コラム11 総務庁「芸術文化の振興に関する行政監察結果報告書」

総務庁行政監察局は、行政が適正かつ効率的に運用されているかを監督・視察して改善勧告をおこなう部局であり、2001（平成13）年から総務省行政評価局に引き継がれました。1995（平成7）年11月に提出された「芸術文化の振興に関する行政監察結果報告書」では、芸術文化に関する監察報告もおこなわれましたが、一番多くの頁数を費やしたのは「文化財の保護」でした。その内容は多岐にわたりますが、①史跡名勝天然記念物の実態把握の充実と指定地域等の見直し、②重要文化財の公開等に関する規制の見直し、③権限委任の推進、④重要文化財の保存問題の適正化、⑤埋蔵文化財の事務処理体制等の見直し、からなります。

⑤については、（ア）発掘調査の迅速化、（イ）事務の簡素化・適正化、（ウ）発掘調査に係る費用負担の明確化、（エ）出土文化財の取扱いの見直し、の4項目です。ここで指摘された項目は、その後に文化庁が「埋蔵文化財発掘調査体制等の整備充実に関する調査研究委員会」での協議を経て発出した通知や報告でほぼ改善・解決できましたが、原因者負担の根拠やその範囲の明確化、すなわち法制化はいまだに実現できていません。しかし、原因者負担が社会的に認知されてきた現状において、はたして法制化は必要でしょうか。

盛土について

「盛土」とは、辞書的には「盛り土・もりつち」と表記してまさに土を盛ることですが（広辞苑第7版）、土木・建設業界では「もりど」と読み、低地や斜面地に土を盛って平坦面を作ることを意味します。

平成10年通知では、「建築物等の工作物や盛土の下であっても遺跡等を比較的良好な状態で残すことができ、調査のための期間や経費を節減できる場合には、記録保存のための発掘調査を合理的な範囲にとどめ、盛土等の取扱いとすることを考慮することが必要」とされました。ただし、盛土の荷重により遺跡に影響を及ぼす場合や、恒久的な工作物の設置により遺跡と人間との関係性が相当期間絶たれ実質的に遺跡が損壊したに等しい場合などには、記録保存調査をおこなうことになります。すなわち、一般的には道路や鉄道、ダムや河川堤防などは記録保存調査の対象に、構造・耐用年数・規模などが簡易で短小な土木・建設事業（例えば農地整備事業や個人専用住宅）などはその対象外となります。

盛土をおこなうと、地形が改変されることが多く、また遺跡の実態把握が難しくなります。そこで、盛土をおこなう以前に試掘・確認調査などを実施して、遺跡の内容や範囲を国土座標上でしっかりと把握しておくことが重要です。なお、埋蔵文化財保護における盛土という考え方は日本独自のものですが、近年お隣の韓国でも必要に応じて援用されるようになりました。

コラム12　埋蔵文化財発掘調査体制等の整備充実に関する調査研究委員会

1970年代以降右肩上がりを続けた日本経済は、1980年代後半にバブル経済を迎えました。と同時に、1994（平成6）年7月の「今後における規制緩和の推進等について」の閣議決定や、1995（平成7）年11月には総務庁行政監察局によって「芸術文化の振興に関する行政監察結果報告書」が提出され、埋蔵文化財発掘調査の迅速化が大きく注目されました。これに対し文化庁も1994（平成6）年10月に「埋蔵文化財発掘調査等の整備充実に関する調査研究委員会」を設置して、埋蔵文化財保護に関わる各種問題に対応すべく検討を始めました。そして、平成10年通知を代表とする各種通知や報告を現在も発出しています。

この委員会は、大学の有識者や埋蔵文化財保護部局の所属長などによって構成され（親会）、これに全国の都道府県や市町村の埋蔵文化財専門職員約20名からなる実務者会議（協力者会議）との二段階方式でおこないます。実務者会議は2日がかりで年4回程度おこないますが、集まったメンバーは論客揃いで「地方の実情を文化庁に訴える」勢いで議論を交わします。それに対して文化庁も理論武装して議論に臨みますが、そのやり取りの過程で共通認識を醸成し、より良き埋蔵文化財保護行政の方向性を一緒に導き出していくことが、この実務者会議の特徴です。

なお、文化庁が主催する「発掘された日本列島」展も同じ1995（平成7）年から始まっています。埋蔵文化財の保存と活用は、車の両輪として一体的に取り組むことが重要です（第7章）。

埋蔵文化財発掘調査体制等の整備充実に関する調査研究委員会による検討事項

① 1995（平成7）年12月　埋蔵文化財保護体制の整備充実について（報告）

1996（平成8）年10月　埋蔵文化財の保護と発掘調査の円滑化について（通知）　※1998（平成10）年9月通知に統合・廃止

② 1997（平成9）年2月　出土品の取扱いについて（報告）

1997（平成9）年8月　出土品の取扱いについて（通知）

③ 1998（平成10）年6月　埋蔵文化財の把握から開発事前の発掘調査に至るまでの取扱いについて（報告）

1998（平成10）年9月　埋蔵文化財の保護と発掘調査の円滑化等について（通知）

④　2000（平成12）年９月　埋蔵文化財の本発掘調査に関する積算標準について（報告）

　2000（平成12）年12月　埋蔵文化財の本発掘調査に関する積算標準について（通知）

⑤　2001（平成13）年９月　都道府県における地方分権への対応及び埋蔵文化財保護体制等についての調査結果について（報告）

⑥　2003（平成15）年10月　出土品の保管について（通知）

⑦　2004（平成16）年11月　行政目的で行う埋蔵文化財の調査についての標準（報告）

　2004（平成16）年12月　行政目的で行う埋蔵文化財の調査についての標準（通知）

⑧　2007（平成19）年２月　埋蔵文化財の保存と活用（報告）

　2007（平成19）年３月　埋蔵文化財の保存と活用（通知）

⑨　2008（平成20）年３月　今後の埋蔵文化財保護体制のあり方について（報告）

　2008（平成20）年４月　今後の埋蔵文化財保護体制のあり方について（通知

⑩　2009（平成21）年３月　埋蔵文化財保護行政における資格のあり方について（中間まとめ）

⑪　2014（平成26）年10月　適正な埋蔵文化財行政を担う体制等のあり方について（報告）

⑫　2017（平成29）年３月　埋蔵文化財保護行政におけるデジタル技術の導入について１（報告）

⑬　2017（平成29）年９月　埋蔵文化財保護行政におけるデジタル技術の導入について２（報告）

⑭　2020（令和２）年２月　埋蔵文化財保護行政におけるデジタル技術の導入について３（報告）

⑮　2020（令和２）年３月　埋蔵文化財専門職員の育成について（報告）

2. 出土遺物の取り扱いと発掘調査資格

出土遺物は廃棄できるのか？　―「廃棄」の本当の意味―

1997（平成9）年8月、文化庁から「出土品の取扱いについて」（1997年8月13日付庁保記第182号）という通知が発出されました。するとマスコミ各社は「文化庁は遺跡から出土した遺物を廃棄することを認めた」といった内容の報道を一斉におこなったため、全国の埋蔵文化財保護行政関係者の間に衝撃が走りました。おそらく、埋蔵文化財保護の最先端で頑張る地方公共団体の埋蔵文化財専門職員にとっては、必死に進めてきたすべての遺物保管の取り組みの梯子を文化庁に外された思いだったと推察されます。確かに「出土品については、発掘調査現場から持ち帰らず、あるいは埋納、投棄などにより廃棄することができることとなるが、これらの措置は、発掘調査の段階、それ以降の段階等において、発掘調査主体、法第64条第1項又は第3項の規定による譲与を受けた地方公共団体等が行うこととなる」という文言はありますが、この通知全体の趣旨からすると決して梯子を外す話ではありません。

この通知の前文にもあるように、遺物は発掘調査量の増大に比例して右肩上がりで増加しており、その取り扱いが大きな問題となってきました。そこで、「一定の基準に基づき、将来にわたり文化財として保存を要し、活用の可能性のあるものと、それ以外のものとに区分し、その区分に応じて保管・管理その他の取扱いを行う」ために示した指針がこの通知になるのです。区分の考え方については12項目を設定し、保管・管理や公開・活用に関する基本的な考え方や具体的な方法を提示したそのうえで、まさに保存・活用の必要性と可能性がないものについて、一つの手段として廃棄の考え方が示されています。さらに、仮に廃棄するといっても、「何を、どこ

図30　収蔵展示写真

展示室で公開できる考古資料の点数は限られています。そこで近年、収蔵機能と展示機能を兼ね備えた収蔵庫で展示をおこなう「収蔵展示」が注目されています。これは収蔵庫の有効活用の一つとして注目されており、より多くの考古資料の展示を可能にすることと、来館者が通常は見ることのできない収蔵庫の内部に入ることを可能にするものです。また、収蔵展示では、地震対策として転倒・転落防止の柵も敷設されます。（著者撮影）

において、どのような措置を執ったかの概要に関する記録・資料を作成し、保管しておくことが必要」とされています。

こうしてみると、廃棄はそう簡単ではないと感じるかもしれません。しかし、この通知の本当の目的はそういった廃棄の可否ではなく、増加する遺物をどのように保存・活用するかを真剣かつ徹底的に考える必要性の認識にあるのです。すなわち、日々の発掘調査に追われ、遺物の保存と活用にまで意識と体制が及ばない状況に警鐘を鳴らし、埋蔵文化財保護行政の一層の整備・充実を目指す、という本質を決して見落としてはならないのです（図30）。

発掘調査に資格は必要なのか？

「発掘調査をおこなうには、どんな資格が必要ですか？」「どういう資格に基づいて、発掘調査をおこなっているのですか？」。埋蔵文化財専門職員がこんな質問を受けたことは、1度や2度ではないでしょう。医療関係はもちろん土木・建設業をはじめ特殊な技術を要する各種専門職員の多くが国家資格を有しているように、埋蔵文化財専門職員にも資格があると思われがちです。しかし実際のところ、発掘調査に関する国家資格などはありません。

地方公共団体などで埋蔵文化財専門職員の採用試験がおこなわれる場合、要件としては「考古学に関する知識と技術を有する者」「報告書作成を含め発掘調査経験のある者」「大学・大学院で考古学や歴史学を専攻した者」などとともに、多くの場合「学芸員」資格も併記されます。しかし、大学などで学芸員の資格を取得する際の授業において、考古学関連の授業は通常必修科目ではありません。すなわち、学芸員の資格を有していても、考古学を学んだことのない学生は大勢いますし、学芸員資格を有しているから適正な発掘調査ができるというわけではもちろんありません。

坪井清足氏によると、発掘調査資格を求める声は埋蔵文化財保護行政が始まったとされる1965（昭和40）年頃から常に存在していたそうです。国民的財産である埋蔵文化財の発掘調査をおこなう専門職員には、考古学に関する正しい知識・技術と埋蔵文化財保護に関する高い意識が常に求められているのです。

発掘調査資格などに関する文化庁の取り組み

文化庁では、これまで何度も発掘調査資格に関する議論をおこなってきました。1995（平成7）年12月の「埋蔵文化財保護体制の整備充実について」、1998年の「平成10年通知」、2008（平成20）年3月の平成20年報告「今後の埋蔵文化財保護体制のあり方について」などがそれです。

そうしたなか、民間発掘調査組織によって構成される公益社団法人日本文化財保護協会は、2007（平成19）年4月に「埋蔵文化財調査士」資格（2020年8月時点のHP：埋蔵文化財調査士267人、埋蔵文化財調査士補143人）を、また早稲田大学は2008（平成20）年4月に「考古調査士」資格（現在は考古調査士資格認定機構が所管、2020年8月時点のHP：上級考古調査士5人、1級考古調査士63人、2級考古調査士870人）をそれぞれ創設しました。これにより日本考古学協会を含め、発掘調査に関する資格創設の議論が盛んにおこなわれるようになりました。そこで文化庁は2009（平成21）年3月に「埋蔵文化財保護行政における資格のあり方について（中間まとめ)」を報告しました。このなかで文化庁は、これら2機関によって設置された資格に関する問題点を指摘したうえで、発掘調査資格の必要性として、公共性の高い発掘調査の質の担保のためには、必要とされる標準的な知識と技術の明確化と、それを客観的に評価する手法の確立が有効であることを確認しました。また、適正な資格の創設により、その専門性に関する社会的・行政的な位置づけと評価、そして資格取得者本人の意識の向上も指摘しました。

このような経緯から、文化庁による発掘調査資格の創設の動きが現実的なものとなりました。しかし一方で、社会全体の規制緩和の流れのなかにあって、新たな国家資格や6,000人程度（少なすぎるという意見）を対象にした資格の創設は時代の流れに逆行するという意見などもあり、いまだ資格創設には至っていません。なお、法第92条の届出に含まれる発掘担当者の経歴や、地方公共団体の埋蔵文化財専門職員採用に際しての専門試験は、実質的には資格に相当するものであり新たな資格は不要という考え方もあります。

そこで文化庁では、2018（平成30）年12月に「埋蔵文化財専門職員等を対象とした文化財マネジメント職員養成研修の実施について」という通知を発出し、2019（平成31・令和元）年から実際にその研修を始めました。これは2019（平成31）年4月の文化財保護法の改正に伴い、文化財専門職員の存在が重要かつ不可欠になったことから、地方公共団体の文化財専門職員のうちその9割以上を占めるとされ、実際にほかの種類の文化財保護にも大きく携わる埋蔵文化財専門職員から研修を始めようとするもので、資格に代わる取り組みとみることもできます。

この研修で重要なことは、埋蔵文化財保護に関わる専門的な業務に12年以上従事し、発掘調査能力を有する人を埋蔵文化財専門職員としていることです（12年という年限は、学生時代に考古学などを専攻した、あるいは埋蔵文化財専門職員になってから各種研修を受講した職員には減免されます）（図31）。埋蔵文化財専門職員なら誰でも受講できるわけではなく、それなりの知識や技術の蓄積を踏まえることで、専門職員としての在り方を明確にしようという

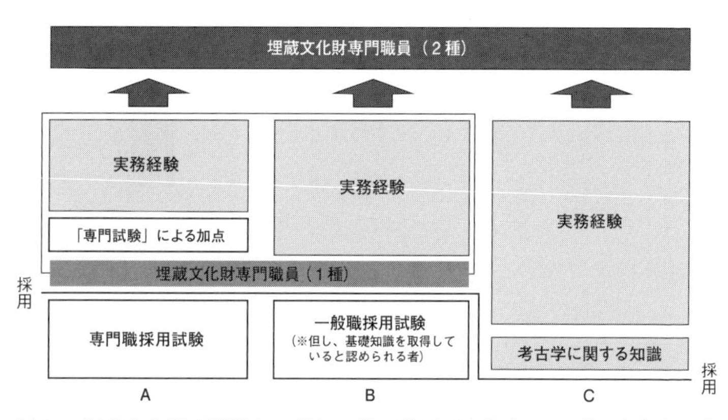

図31　埋蔵文化財専門職員1種と2種の関係（文化庁2020『埋蔵文化財専門職員の育成について』）

文化庁は「埋蔵文化財専門職員に求められる基本的な能力」として5つの資質能力を設定しました（121頁）。これらのうち、基礎知識を取得した段階の埋蔵文化財専門職員を1種、実践能力を取得した段階の埋蔵文化財専門職員を2種として、資質能力の可視化をおこなっています。

意図がうかがえます。と同時に文化庁は、その埋蔵文化財専門職員の資質能力のあり方とその可視化を通じて育成を進めようと、2020（令和2）年3月には「埋蔵文化財専門職員の育成について──資質能力の段階区分に応じた人材育成の在り方──」を報告しました。これまでやや曖昧な存在であった埋蔵文化財専門職員の立場や役割が、着実に明確になりつつあります。

3. 国の役割、都道府県の役割、市町村の役割

適正な体制とは？

2014（平成26）年10月、「適正な埋蔵文化財行政を担う体制等の構築について──これからの埋蔵文化財行政に求められる体制──」が報告されました。通称「適正体制報告」。どうしてこのタイミングに報告されたのでしょうか。

1990年代後半にバブル経済が崩壊して以降、埋蔵文化財専門職員の減少と高齢化の進行、発掘調査経験が少ない埋蔵文化財専門職員の増加により地域で育まれてきた知識や技術が継承されない現状、平成の大合併による埋蔵文化財専門職員の業務量増加、地方公共団体と法人調査組織との関係性の不安定化、民間調査組織の利用方法の多様化、そしてなんといっても社会全体の急激な変化と多様化。このような状況を踏まえ、いまいったいどういう体制が埋蔵文化財保護行政に求められるのか？という問いに答えたのが、この報告なのです。

報告では、まず都道府県と市町村の役割を確認しています。都道府県は広域自治体として、常に域内の状況を体系的に捉え俯瞰しながら、そして大規模遺跡の発掘調査経験を活かして、研修会などで市町村に対し最新情報の共有や発掘調査に関する知識・技術・意識の向上を図ります。市町村は基礎自治体として、開発事業などの第

一義的な窓口となるため適切な初期対応が求められます。また、保護すべき遺跡の保存目的調査や、埋蔵文化財保護の重要性と意義を伝える活用事業の実施など、絶えず地域の方々と直面した対応が必要です。その上で、文化庁の役割として、埋蔵文化財保護に関する諸標準の検討と提示、文化庁が主催する会議・研修会・講習会などの充実、資格制度の検討などを挙げています。このほかにも、民間調査組織の利用に関する留意点、発掘調査の監理（地方公共団体が域内の発掘調査が『発掘調査のてびき』に基づき適正におこなわれているか確認すること）、奈良文化財研究所の役割などについても検討・整理されています。

国・都道府県・市町村の役割は時代の流れとともに変わっていきます。埋蔵文化財保護行政においても、この時代の流れに乗り遅れないように臨機応変で柔軟な対応が求められることを、この報告は示しています（表1）。

コラム13　隠れ99条

民間調査組織の利用形態には、支援導入と一括導入があります。前者は地方公共団体の専門職員が発掘担当者となり、その指示の下で民間調査組織が発掘調査をおこなう形態です。後者は民間調査組織が、発掘調査のすべてを地方公共団体や開発事業者から受託または請け負う形態であり、その際地方公共団体はその発掘調査の監理をおこないます。

発掘調査に際しては、事前に法第92条（旧第57条第1項）に基づく届出が必要です。しかし、1975（昭和50）年の法改正により法第99条（旧第98条第2項）が新設されたことで、地方公共団体がおこなう発掘調査では法第92条に基づく事前の届出に代わって、それに準じる通知をおこなうことになりました。

このような状況のなか、地方公共団体が発掘調査のすべてを民間調査組織に委託しているにもかかわらず、法第92条の届出をおこなわず

表1　全国の地方公共団体における埋蔵文化財保護体制

都道府県	都道府県組織と職員数				市町村職員数(市町村数)		全国職員総数	都道府県別史跡数と史跡との係わり		
	職員総数	調査主体	本庁人数	専門比	職員総数	職員配置率		史跡数	発掘調査	整備
北海道	43	法	8	20%	103	38%(179)	146	55		
青森県	40	公	14	100%	53	58%(40)	93	22	三内丸山遺跡	○
岩手県	39	法	15	17%	67	73%(33)	106	30	柳之御所遺跡	○
宮城県	30	直	20	69%	74	77%(35)	104	35	多賀城跡	○
秋田県	26	公	7	60%	27	44%(25)	53	12	払田柵跡	×
山形県	22	法	4	19%	13	31%(35)	35	26		
福島県	55	法	12	13%	65	61%(59)	120	51		
茨城県	29	法	5	4%	54	64%(44)	83	32		
栃木県	17	法	3	19%	43	76%(25)	60	37		
群馬県	46	法	11	21%	74	77%(35)	120	50	上野国分寺跡	○
埼玉県	52	法	6	16%	155	92%(63)	207	20	埼玉古墳群	○
千葉県	47	法	27	83%	156	72%(54)	203	28		
東京都	42	法	2	10%	52	79%(62)	94	52		
神奈川県	58	法	13	23%	69	76%(33)	127	61		
新潟県	22	法	8	100%	82	90%(30)	104	32		
富山県	16	公･法	5	50%	30	87%(15)	46	19		
石川県	40	公･法	9	31%	42	84%(19)	82	24	金沢城跡	○
福井県	37	公	2	100%	31	88%(17)	68	24	一乗谷朝倉氏遺跡	○
山梨県	21	公	4	100%	53	93%(24)	74	15	甲府城跡	○
長野県	29	法	3	95%	81	45%(77)	110	37		
岐阜県	23	法	4	48%	53	57%(42)	76	26		
静岡県	14	法	4	100%	78	71%(35)	92	43		
愛知県	24	公･法	3	14%	78	63%(54)	102	40		
三重県	51	公	9	55%	34	55%(29)	85	36	斎宮跡	×
滋賀県	34	公･法	9	35%	71	79%(19)	105	48		
京都府	30	法	10	48%	76	73%(26)	106	93	恭仁京跡	×
大阪府	53	公･法	21	53%	148	95%(43)	201	68		
兵庫県	33	法	4	100%	118	93%(41)	151	50		
奈良県	47	公	7	100%	82	64%(39)	129	120	飛鳥宮跡	○
和歌山県	13	法	5	78%	27	43%(30)	40	23	岩橋千塚古墳群	○
鳥取県	41	公･法	9	76%	30	42%(19)	71	33	妻木晩田遺跡･青谷上寺地遺跡	○○
島根県	34	公	10	100%	43	58%(19)	77	56	出雲国府跡	○
岡山県	26	公	3	100%	41	67%(27)	67	46		
広島県	17	法	4	9%	37	65%(23)	54	26		
山口県	12	法	3	8%	31	58%(19)	43	43		
徳島県	18	法	6	36%	19	63%(24)	37	11		
香川県	15	公	4	100%	24	65%(17)	39	21		
愛媛県	21	法	5	11%	49	75%(20)	70	12		
高知県	16	法	3	25%	8	15%(34)	24	12		
福岡県	18	公	5	100%	214	97%(60)	232	93	大宰府跡	○
佐賀県	28	直	17	47%	62	100%(20)	90	24	吉野ヶ里遺跡･名護屋城跡	×○
長崎県	12	公	2	83%	40	71%(21)	52	32	原ノ辻遺跡	○
熊本県	27	直	22	55%	89	73%(45)	116	41	鞠智城跡	○
大分県	14	公	1	73%	53	89%(18)	67	42		
宮崎県	35	公	5	39%	42	81%(26)	77	23	西都原古墳群	○
鹿児島県	56	公･法	3	32%	67	79%(43)	123	29	上野原遺跡	○
沖縄県	20	公	5	94%	69	63%(41)	89	41	首里城跡	×

①　本表は坂井秀弥 2020「戦後遺跡保護の成果と文化財保護改正の課題」『歴史学研究』NO. 998. 2020」のデータを一部改変したものである。
②　職員総数は文化庁 2020『埋蔵文化財関係統計調査──令和元年度──』に基づく。
③　調査主体の「直」は本庁直営、「公」は公立調査組織、「法」は法人調査組織。
④　専門比は、総職員数（正規職員）から法人職員と教員を除いた専門職員の比率。
⑤　史跡数は複数都道府県に重複するものは除外する。
⑥　整備は都道府県が発掘調査を実施した史跡について、整備までの係わりの有無。

都道府県が直接的に保存目的調査をおこなうことは、必ずしも多くはありません。市町村を指導する立場としては、自ら保存目的調査をおこなうことが求められます。

に、法第99条の通知で済ましている実態が稀にあります。これを通称「隠れ99条」と批判的に呼んでいます。この状況は、文化財保護法の解釈の混乱と、地方公共団体が埋蔵文化財保護体制を十分に維持できていない現状を示していると考えられます。

自然災害への対応

地震・火山噴火・大水害などの自然災害が発生すると、その後の復興事業には埋蔵文化財保護、つまり多くの場合、記録保存としての発掘調査が伴います。日本ではこれまで、大水害後の河川改修や土地区画整理に伴う発掘調査には、当該地方公共団体が対応してきました。そうしたなか、1995(平成7)年の阪神・淡路大震災、2011(平成23)年の東日本大震災、2016(平成28)年の熊本地震の3回については被害が甚大で、その後の復興事業も極めて大規模であったことから、国・都道府県・市町村が一体となった発掘調査体制を構築しました。

自然災害が発生すると、当然被災者の生命確保や生活保証が最優先となります。したがって、埋蔵文化財の発掘調査が復興事業の妨げとなり、被災者の生活再建などが遅れることがあってはなりません。かといって、特例的に発掘調査の免除や規模・内容の縮小・圧縮をすることもできません。そこで文化庁は、①発掘調査を実施する埋蔵文化財専門職員の確保、②発掘調査費用の確保、③発掘調査地点の調整、④最新技術の導入、などについて、全国の地方公共団体を中心に奈良文化財研究所や各法人調査組織の協力を得ながら、埋蔵文化財保護を一体的に進めました。

①については、人員削減やそれぞれの業務で多忙を極める中、阪神・淡路大震災では3年にわたって延べ121人、東日本大震災では2019(令和元年)までに延べ335人、熊本地震では同じく2019年までに延べ47人の全国の地方公共団体や法人調査組織の埋蔵文化

財専門職員が現地に入り発掘調査をおこないました。②については、国庫補助金や復興交付金を積極的に運用して対応しました。③については、事前に徹底した分布調査と試掘・確認調査をおこない、復興事業側と調整しながら可能な限り遺跡のない場所で復興事業を進める仕組みを作りました。④はおもに東日本大震災以降のことですが、測量面におけるデジタル技術の活用により、発掘調査の迅速化に効力を発揮しました。

このような対応を経ることで、復興事業に遅れが生じることはほとんどなく、当初は埋蔵文化財保護に批判的・懐疑的であった復興事業側や地域住民そしてマスコミも、徐々に理解を示し協力的になりました。その背景には、自然災害により地域の歴史や文化の記録が失われた時だからこそ、発掘調査を通じてそれらを改めて復元しようとする埋蔵文化財保護側の熱意と意義のある取り組みが、広く理解されたためと考えられます。

文化庁では、東日本大震災の復興事業に際しておこなわれた埋蔵文化財保護に関するさまざまな対応や出来事を後世に伝えるため、『東日本大震災の復興と埋蔵文化財保護の取組』という２冊の報告

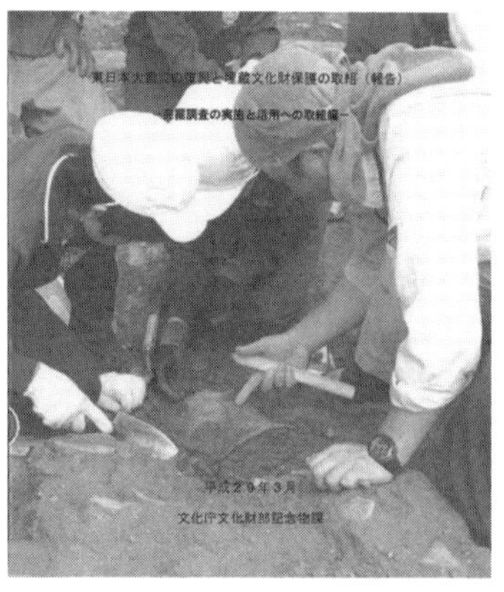

図 32　東日本大震災における埋蔵文化財保護の記録

書『行政対応編』と『発掘調査の実施と活用への取組編』を作成して、全国の地方公共団体・法人調査組織・大学・研究機関などに配布しました（図 32）。

第6章　そもそも国指定史跡ってなに？

1. 史跡とは？

史跡のいろは

史跡には、文化財保護法に基づく国指定の史跡と、条例に基づく都道府県や市町村指定の史跡があります。ここでは国指定の史跡について考えてみます。

史跡の定義は、1951（昭和26）年5月に設定された「特別史跡名勝天然記念物及び史跡名勝天然記念物指定基準」に定められています。それによると、史跡は「我が国の歴史の正しい理解のために欠くことができず、かつ、その遺跡の規模、遺構、出土遺物等において、学術上価値あるもの」であり、特別史跡とは「史跡のうち学術上の価値が特に高く、我が国文化の象徴たるもの」となっています。そして、具体例として以下が示されています（1995年3月改正版）。

1　貝塚、集落跡、古墳その他この類の遺跡
2　都城跡、国郡庁跡、城跡、官公庁跡、戦跡その他政治に関する遺跡
3　社寺の跡又は旧境内その他祭祀信仰に関する遺跡
4　学校、研究施設、文化施設その他教育・学術・文化に関する遺跡
5　医療・福祉施設、生活関連施設その他社会・生活の関する遺跡

6　交通・通信施設、治山・治水施設、生産施設その他経済・生産活動に関する遺跡

7　墳墓及び碑

8　旧宅、園池その他特に由緒ある地域の類

9　外国及び外国人に関する遺跡

上記をみると、発掘調査によって価値づけがおこなわれる遺跡の種類としては、1～3がその大半を占めます。しかし、史跡指定に際してその内容や範囲を明らかにする場合には、4～9の遺跡でもやはり発掘調査をおこなう必要があります。また、史跡指定後に整備事業をおこなう場合も、必要な情報を得るために発掘調査をおこないます。このように、史跡と発掘調査は切っても切れない一体的な関係を有しています。

なお、この史跡の基準が設定された1951年当初の具体例のなかには、「遺物包含地」「住居跡（竪穴住居跡、敷石住居跡、洞穴住居跡）」「大宰府跡」「神籠石（こうごいし）」なども含まれており、当時の考古学研究の状況を知ることもできます。

コラム14　学史的価値に基づく史跡指定

本章の冒頭で説明したように、史跡の定義は「我が国の歴史の正しい理解のために欠くことができず、かつ、その遺跡の規模、遺構、出土遺物等において、学術上価値あるもの」です。そのなかにあって、この定義では微妙に収まらない史跡もあります。それは、考古学における学史上極めて重要な遺跡です。

1949（昭和24）年、相沢忠洋が日本における旧石器時代の存在を証明した岩宿遺跡（群馬県）は1979（昭和54）年8月に指定されました。1877（明治10）年、アメリカ人E.S.モースが発見・発掘調査した大森貝塚は日本で最初の近代的な発掘調査とされています。しかし、所在地論争に決着をみないまま1955（昭和30）年3月に東京都の品川区と大田区の2カ所が指定されました。最近、当時の図面が発見され、

図33　大田区の史跡大森貝塚（上）と品川区の史跡大森貝塚（下）
1877（明治10）年、E.S.モースが横浜から新橋へ向かう途中の車窓から発見した大森貝塚は、現在も列車の車窓からその位置を見ることができます。ただし、貝塚に近い線路を走る列車の場合は一瞬のことなので、見逃さないように注意が必要です。（筆者撮影）

図 34　弥生式土器発掘ゆかりの地記念碑（左）と史跡弥生二丁目遺跡（右）
東京都文京区根津 1 丁目の交差点から南西方向に弥生坂を上ったところに「弥生式土器発掘ゆかりの地記念碑」があり、多くの人はここで最初の弥生土器が発見されたと思いがちです。しかし、実際にはそこはまさに「ゆかりの地」であり、正確な発見場所はいまだ不明です。（筆者撮影）

品川区側が本来の大森貝塚であることが確認されましたが、所在地論争も日本考古学史においてはとても重要な出来事でした。1884（明治 17）年、坪井正五郎・白井光太郎・有坂鉊蔵の 3 名が弥生町向ヶ丘貝塚から最初の弥生土器を発見しました。この遺跡一帯は早くから土地改変が進んだため厳密な場所がわからず、やはり所在地論争が続きました。1976（昭和 51）年 6 月に近接する土地で、同時期の遺構が存在する遺跡を弥生二丁目遺跡（東京都）として指定しました。

このように、旧石器時代の存在を確定した岩宿遺跡、日本考古学・縄文時代研究の原点ともいえる大森貝塚（図 33）、弥生時代の名称の由来となった弥生二丁目遺跡（図 34）は、いずれも考古学史において不可欠な遺跡です。

史跡指定の手順

史跡指定はまず、当該地方公共団体が史跡指定を希望する遺跡について、法第 189 条に基づき文部科学大臣に意見具申します。次に文部科学大臣はそれを受け、法第 153 条に基づき史跡指定の可否を文化審議会に諮問します。文化審議会は文化審議会令に基づき文化財分科会を設置し、さらに文化財分科会が設置した第三専門調査会においてその遺跡の価値づけに関する討議をおこないます。そして、史跡にふさわしという結論に達した場合、その旨を文化審議会は文部科学大臣に答申します。文部科学大臣はそれを受け史跡に決定します。そして、史跡指定日はそのことが官報に告示された日になります。このように書くと、史跡指定への手順は事務的で一見単純にみえますが、実際の道程には大変な苦労が伴います。

史跡指定を受けるためには、当該地方公共団体がその遺跡の内容と範囲を確定することが不可欠です。すなわち、遺跡の年代・構造・変遷などを明らかにするためには、発掘調査や文献調査などをおこなって、その遺跡を地域史としてはもちろん日本の歴史のなかでの価値づけもおこない、国指定史跡としてふさわしいことを証明する必要があります。また、史跡指定にはその土地の現状変更に関する制限が発生するため、文化財保護法では義務づけられてはいませんが、土地の所有者の同意も必要になります。通常、遺跡の価値づけにも時間を要しますが、土地の所有者が多い場合は同意取得も大変です。そしてなんといっても、史跡指定の取り組みや指定後におこなわれる整備事業を実現させるためには、その史跡と日常的に向き合い接していく地域の方々の理解と協力が大前提になります。したがって、史跡指定を目指すには、地方公共団体においてしっかりとした計画の立案や体制整備、そして地域への徹底した周知がきわめて重要になるのです。

コラム15　史跡の標識・説明板・標柱・注意札・境界標

史跡を訪問すると、どこでも同じような標識に出会います。どうして同じような標識なのでしょうか。

史跡には、標識・説明板・標柱・注意札・境界標の設置が地方公共

図35　史跡の標柱（左）と境界標（右）（史跡新地貝塚 附 手長明神社跡　福島県新地町）

境界標が設置されていない、あるいは設置されていたが消失してしまった史跡は少なくありません。史跡の範囲の明確化は、史跡保護にとって重要です。（筆者撮影）

団体などの管理団体（法第113条）に義務づけられていますが（法第115条）、その詳細は1954年6月に施行された「史跡名勝天然記念物標識等設置基準規則」によって、以下のように規定されています。

標識は原則石造とし、①史跡であることと指定名称、②文部科学省の文字（所有者もしくは管理団体の名称併記は可能）、③指定年月日、④標識の建設年月日を、⑤については表面に、②については裏面に、③④については側面に彫り込むとしています。説明板は、史跡であることと指定名称、指定年月日、指定理由、説明事項、保存上の注意事項などを平易な表現で記載し、さらに指定範囲の図も掲載します。また、必要に応じて標柱や注意札も設置します。境界標は、指定範囲の境界線の屈折地点に、石造またはコンクリート製の四角柱（一辺13㎝、地表から30㎝以上）とし、上面には境界線を示す方向指示線を、側面には「史跡境界」と「文部科学省」の文字を彫り込みます（図35、参考資料3・137頁）。

そして、これら標識などの数量は必要な程度とし、環境に調和することが求められています。みなさんも史跡を訪れたら、これら標識などを探してみましょう。

2. 史跡指定100年の歴史

それは1921（大正10）年3月3日から始まった

史跡の指定制度は、1919（大正8）年6月に施行された「史蹟名勝天然紀念物保存法」において規定されましたが、最初の史跡指定は1921（大正10）年3月3日でした。この時の史跡指定は、北海道・茨城・栃木・群馬・東京・神奈川・岐阜・静岡・三重・滋賀・京都・大阪・兵庫・奈良・島根・岡山・愛媛・福岡・佐賀・熊本・鹿児島の21道府県でおこなわれました。翌1922（大正11）から1924（大正13）年までには、岩手・宮城・福島・埼玉・富山・福井・山梨・愛知・鳥取・広島・山口・香川・高知・長崎の14県で史跡指定がおこなわれ、指定制度が全国へ急速に浸透していく様子がわかります。なお、2020（令和2）年9月現在、史跡は1,847件あります。

特別史跡の制度は、1950（昭和25）年8月に施行された文化財保護法から始まりました。その定義は前節で示したとおりですが、現在でもまだ64件しかありません。最初の特別史跡は1952（昭和27）年3月に、それまで史跡指定されていたもののなかから25件が選ばれました。それから約70年近くかけて、約40件が特別史跡に指定されたことになります。最近特別史跡に指定された史跡としては、2000（平成12）年の三内丸山遺跡（青森県）・キトラ古墳（奈良県）・原の辻遺跡（長崎県）、2017（平成29）年の加曽利貝塚（千葉県）、2019（令和元）年の埼玉古墳群（埼玉県）があります。こうしてみると特別史跡指定のハードルはかなり高くみえますが、後述するように、指定の考え方は考古学や歴史学の研究の進展に伴い徐々に変わっていきますので、今後の研究成果が期待されます。

なお、特別史跡や史跡を一番多く有する都道府県の第1位は奈良県で、第2位は福岡県です。それぞれにその地域の歴史性と文化財保護の取り組みの結果が、数字に表れていると考えられます。

コラム16　史跡の指定解除

近年、史跡指定の件数が増えています。現在では年間に15～20件程度でしょうか。その要因としては、埋蔵文化財保護体制の充実と計画的な保護政策の進展、そして地域の歴史と文化の再認識・再構築という社会的要請があると考えられます。これに対して、僅かではありますが史跡の指定解除があったことも記憶に留めておくことは必要と考えます。

1933（昭和8）年から1936（昭和11）年にかけて、明治天皇が生前に地方遊説した際の行幸所・御講評所・御小休所・御野立所・行在所・大本営など377件が、全国37都道府県で史跡指定されました。しかし、戦後の1948（昭和23）年6月にGHQ（連合国軍最高司令官総司令部）の命により一斉に指定解除された話は有名です。

このほかにも史跡指定が解除された事例が11件あります。自然崩壊や開発事業によって史跡そのものが滅失した事例、火災で現存していた上屋が焼失した事例、誤認や捏造による事例など、その要因はさまざまです。

史跡指定と考古学・歴史学研究との関係性

史跡指定は、一定の基準により継続的に同じような遺跡がその対象になっているとみられがちです。しかし実際は、考古学や歴史学の研究の進展により、指定される遺跡の種類や指定名称は随時変わっています。以下、いくつかの事例を踏まえて、その実態をみていきましょう。

縄文時代という時代名称が定着するのは、太平洋戦争後の1950

(昭和25) 年代以降であり、それまでは石器時代という名称が一般的でした。したがって、日本で初めて竪穴建物が確認され1926(大正15) 年2月に史跡指定された高ヶ坂石器時代遺跡（東京都、指定範囲は竪穴建物だけ）から、1957（昭和32）年7月の是川石器時代遺跡（青森県）までの縄文時代遺跡には、「石器時代」という名称が付けられました（図36)。また、貝塚の指定範囲についても、1960年代までは地表面で視覚的に確認できる貝塚のみが対象になりましたが、貝塚研究が盛んになりだした1970年代になると、発掘調査によって本来の貝塚全体の範囲や、貝塚が立地する地形を踏まえた範囲が対象になりました。そして、集落構造研究が盛んになった1990年代以降は、貝塚単独ではなく貝塚を含む集落全体が対象になりました。

古墳の史跡指定は指定制度が始まった当初から、現存して目視できる墳丘の範囲だけがその対象になりましたが、周濠や周堤の存在が発掘調査によって確認されだした1970年代から、それらを含めた指定が一般的になりました。また、古墳群というまとまりが重要視されだすと、1980年代からは大きな前方後円墳だけではなく、古墳群というまとまりで小さな古墳を含め面的に捉える指定もおこなわれるようになりました。

663（天智天皇2）年の白村江の戦いに敗れた日本は、665年に大野城（福岡県）などの山城を九州北部から瀬戸内海沿岸部に築城します。このなかには、『日本書紀』『続日本紀』などの文献にその名称が登場する山城と、名称が登場しない山城が存在します。後者については、1900（明治33）年前後よりその機能を巡って、城なのか聖域なのかという「神籠石論争」が巻き起こります。神籠石の最初の史跡指定となった1932（昭和7）年3月の雷山神籠石（福岡県）以降は、視覚的に確認できる山城の列石や水門だけが指定の対象になりました。そして、1940年代以降は発掘調査で確認された

図 36　史跡譲原(ゆずりはら)石器時代住居跡（上・中、群馬県藤岡市、著者撮影）と史跡高麗村(こまむら)石器時代住居跡（下、埼玉県日高市教育委員会提供）

発掘調査によって竪穴建物が確認されだした 1920〜1940 年代、1 棟から数棟だけでも史跡に指定されました。まだ集落という概念が乏しかった当時の縄文時代研究の状況を、史跡から知ることもできます。

列石のみならず、未確認でも地形を踏まえて推定される列石線の延長線上までも指定対象になりました。しかし、1965（昭和40）年のおつぼ山神籠石（佐賀県）の発掘調査によって山城としての機能が確定してからは、列石のみならず山城としての機能を果たす地形まで、すなわち列石線の内外（山頂から山裾）までが広範囲かつ面的に指定の対象になりました。

このように、史跡指定の名称や範囲や考え方は、考古学や歴史学の研究の進展とともに逐次変わっていきます。研究の進展が急速化する現在、この史跡指定の考え方はさらに変化し、新たな価値観による史跡指定も適宜おこなわれていくと考えられます。

コラム17　近代遺跡と戦争遺跡の史跡指定

近年、近代遺跡の史跡指定が進んでいます。幕末・維新期以降の日本の近代化を考える上で、近代の史跡指定は不可欠です。具体的には、橋野高炉跡（岩手県）・旧富岡製糸場（群馬県）・旧新橋停車場跡（東京都）・旧横浜正金銀行本店（神奈川県）・旧新潟税関（新潟県）・旧見附学校（静岡県）・琵琶湖疎水（京都府・滋賀県）・旧造幣寮（大阪府）・播州葡萄園跡（兵庫県）・筑豊炭田遺跡群（福岡県）などがあります。

戦争遺跡の史跡指定も、日本の近代史を考える上ではやはり重要です。幕末・維新期では、五稜郭跡（北海道）・品川台場（東京都）・楠葉台場跡（大阪府）・長州藩下関前田台場跡（山口県）・西南戦争遺跡（熊本県）など。第一次世界大戦関係では坂東（ばんどう）俘虜（ふりょ）収容所跡（徳島県）があります。第二次世界大戦（太平洋戦争）では原爆ドーム（広島県）と長崎原爆遺跡（長崎県）がありますが、戦後70～80年ではまだ歴史認識が確立していないためか、本格的な取り組みはこれから期待されます。

3. 史跡指定と史跡整備

史跡指定はゴールか？

市町村の埋蔵文化財専門職員約3,900人のうち、史跡指定を経験する職員はおそらく5％足らず。史跡指定に至る経緯は複雑で大変ですが、希少価値が高く地域にとって大きな誇りとなることから、指定に際しては記念事業などが盛大におこなわれます。これはこれでとても喜ばしいことです。しかし、史跡指定はゴールではなく、実は終わりなき維持・管理・整備・公開・活用の始まり（＝闘い）なのです。

1970年代の高度経済成長期から1990年代の平成バブル経済までの開発優先の社会的状況のなか、重要な遺跡が確認されると、極めて厳しい条件の下で開発事業者とギリギリの計画変更の協議をおこない、場合によっては史跡に指定して公有化する（買い上げる）ことが精一杯の保護対応でした。したがって、史跡指定後に策定する保存管理計画も、史跡の維持・管理を重視したものでした。

ところが、平成バブル経済が崩壊した2000年代以降、豊かで過ごしやすいまちづくりの推進や、公有地の有効活用などが社会的に注目されるなか、史跡の整備・公開・活用が重視されるようになりました。そこで、保存管理計画も保存活用計画と名称を変更するとともに、そこには整備・公開・活用の方向性も記載し、それらのより早く確実な実現が大いに期待されました。

そこで最近は、史跡指定後の整備・公開・活用が積極的に取り組まれるようになりましたが、実はこれが大変。先述したように、史跡指定を経験した地方公共団体や埋蔵文化財専門職員が少ないことと同様に、史跡の整備・公開・活用を経験した埋蔵文化財専門職員はさらに少ないため当初から右往左往の連続。まずは他の事例を調べ、現地訪問から始めますが、ゆっくりはしていられません。史跡指定の余勢を駆って進めなければタイミングを逸してしまいます。したがって、息をつく暇もなく整備基本構想→整備基本計画→整備実施計画→整備工事→完成へと進んでいきます。この時注意しなければならないのは、どこにでもあるようなステレオタイプ・金太郎飴的な整備事業にならないこと。専門職員の専門性を活かし、その史跡特有の価値を上手く引き出し、個性的・創造的でありながらわかりやすく使いやすい整備事業になることが肝要です。

そして、もう一つ注意しないといけないことは、整備事業は終了した瞬間から、劣化と流行遅れが始まるということです。整備事業で構築した復元物には、必ず経年による劣化が生じます。また、整備事業にも流行があり、10～15年単位で大きく変化していきます。しかしこれに反して多くの場合、当初の整備事業には予算は付きますが、その後はなかなか予算が付きにくいのが一般的な傾向です。したがって、整備事業の当初から、劣化対応の維持・管理と、流行遅れ対策のリニューアルを想定した計画的な予算立てがとても重要になります。このようなことから、史跡整備が始まると埋蔵文化財専門職員はそれに係りきりになるため、埋蔵文化財専門職員の増員が必要になります。

整備事業の内容については、視覚的な迫力とわかりやすさを求めて復元物を多くすると、当初の費用やその後の維持・管理費が多額になる傾向にあります。逆に、当初の費用やその後の維持・管理費を抑えるために、復元物は控え平面表示主体にすると、視覚的な迫力とわかりやすさが欠落する傾向になります。これは本当に難しい問題です。博物館の定期的な展示替えや企画展のような対応を整備事業に求めることは無理ですが、リピーターで賑わうことを目指し、汎用性に富んだ新たな整備事業の理念が求められる、新しい時代に入っているようです（図37）。

図 37　整備された特別史跡三内丸山遺跡（上）と特別史跡吉野ヶ里遺跡（下）

青森県青森市に所在する特別史跡三内丸山遺跡は、青森県が直営で現在も発掘調査と整備事業を進めています。佐賀県神埼市・吉野ヶ里町に所在する特別史跡吉野ヶ里遺跡は、国営公園部分と県営公園部分とに分け、国（国土交通省）と佐賀県が協同で整備事業を進めています。（筆者撮影）

コラム18　発掘調査や整備事業の（指導）委員会ってなに？

一般的に委員会とは、目的に向かって進むべき方向性を示すため、第三者的立場の複数の有識者によって構成される合議制機関のことです。通常、委員会を設置する地方公共団体は、その地方公共団体とは利害関係にない有識者などを委員として選出します。

発掘調査の場合、記録保存調査は規定された範囲の完掘が目的であるため、特別な理由がない限り委員会は設置されません。これに対して保存目的調査では、遺跡の性格究明と歴史的な価値づけが最大の目的となるため、考古学や文献史学などの専門家によって構成される委員会を設置して、意見などをうかがいながら発掘調査を進めることが必要です。また、総括報告書の作成においても、遺跡の価値づけなどに際し必要に応じて委員会を設置することが有益な場合もあります。

史跡などの整備事業では、その史跡を活用する立場から地域住民や学校教員をはじめ、公園としての役割や生活空間という観点から、環境保全や都市計画に関する専門家も委員になることがあります。

委員会は意見を求める諮問機関であり、決定機関はそれを設置した地方公共団体です。しかし近年、地方公共団体が事案の検討を委員会に丸投げする事例や、委員会の立場が強く決定機関的な役割を有する事例など、委員会の設置目的が不明瞭な場合もしばしばみられます。地方公共団体と委員会は、お互いの立場を尊重し、適度な緊張感とバランス感覚の下、忌憚のない意見交換を積極的におこなうことが、理想的な関係といえるでしょう。

第7章　埋蔵文化財の保存と活用ってなに？

1. 保存と活用の意味と意義

2019（平成31）年4月、改正された文化財保護法が施行されました。観光立国を謳う日本政府としては、これまでの保存重視から活用を中心に据えた文化財保護へ方向転換を図ろうというものです。そこで本章では、今回の文化財保護法の改正を契機として、埋蔵文化財保護行政にとっての保存と活用とは何かを考えてみます。

改めて文化財保護法第1条から始めよう

第3章第1節でも説明しましたが、文化財保護法の第1条は「この法律の目的」を明記しています。冒頭に「文化財を保存し、且つ、その活用を図り」とあるように、文化財保護は「保存」と「活用」から成ること、あるいはそれらが一体であることが明確に位置づけられています。

文化財はしっかり保存をしないと活用はできません。破損や劣化に際しては修理をしないと、後世に伝えていくことは不可能です。そのためには、その文化財の材質や製作技法などを十分に調査・研究することが前提条件になりますし、それは活用の幅を広げることにも繋がります。

文化財はしっかり活用しないと保存する意味がありません。より確実な、より安定的な保存を目指すだけなら、温湿度や防犯性が確保され人とは接触しない施設への保管が最善です。しかしそれでは、国民的財産である文化財を見る、知る権利を国民から奪うことになります。

言うまでもありませんが、文化財の保存と活用は車の両輪であり、これまでも文化財保護行政のなかではそのように位置づけられてきました。ではなぜいま、活用を中心に据えた文化財保護が注目されているのでしょうか。その理由を考えることは「保存と活用とは何か？」を考えることに繋がり重要です。

埋蔵文化財保護における保存と活用の経緯

1960年代後半（昭和40年代）から始まる高度経済成長。それに伴う大規模開発によって破壊される遺跡を保護するために、記録保存調査が全国的に実施・展開されました。しかし、埋蔵文化財保護の理念も体制も未成熟・未整備であった当時は土曜日や日曜日もなく発掘作業を進めることが第一義であり、整理等作業や報告書作成はままならない状況でした。しかし1980年代頃から重要な遺跡が確認された場合は、開発事業者や土地所有者との粘り強い交渉により計画変更をおこなって遺跡を保存し、場合によっては国の史跡に指定して買い上げることも徐々に可能になっていきました。と同時に、発掘現場での現地説明会、博物館や資料館などでの速報展、パンフレットの作成と配布など、徐々にではありますが活用にまで意識が及ぶようになりました。そして2000年代に入ると、活用の基本情報となる報告書の作成も安定し、さまざまな活用事業が恒常的に展開するようになりました。

こういった活用の展開が可能になった理由としては、歴史と文化を活かしたまちづくりを進める地方公共団体の政策や、地域住民が埋蔵文化財を郷土の誇りとして意識するようになった時代背景が、大きく関係していると考えられます。

2. いまは本当に活用の時代か？

いままで埋蔵文化財保護行政は活用をしてこなかったのか？

先ほど、法改正により「保存重視から活用中心に」になったと記述しましたが、埋蔵文化財保護行政はこれまで活用をやってこなかったのでしょうか、あるいは不十分だったのでしょうか。前述したように、確かに埋蔵文化財保護行政における活用の歴史はそれほど古くはありません。しかし、埋蔵文化財保護体制の構築と安定化を進め、その上に立って社会の変化に応じてさまざまな活用を展開させてきた努力と実績は決して小さくはありません。

文化庁が埋蔵文化財保護に関わるさまざまな問題を検討するために設置した「埋蔵文化財発掘調査体制等の整備充実に関する調査研究委員会」でも、活用の問題は何度も議論され、その結果は通知や報告で示されています。1997（平成9）年8月の「出土品の取扱いについて」はその最たるもので、活用の意義の確認と手法の検討を徹底的におこなっています。1998（平成10）年のいわゆる「平成10年通知」では、「広報活動等の推進」を埋蔵文化財保護の推進の重要な手法と位置づけ、広く国民の理解を得る必要性を説いています。2007（平成19）年2月には「埋蔵文化財の保存と活用──地域づくり・ひとづくりをめざす埋蔵文化財保護行政──」が報告され、保存と活用の問題に真正面から取り組みました。2014（平成26）年10月の「適正体制報告」では、改めて国・都道府県・市町村における活用の役割分担を示すとともに、全国の地方公共団体でおこなわれているさまざまな活用事例を紹介しています。

活用に関する国庫補助金も、時代の要求に応じてその内容が急激に変化していきます。2004（平成16）年には、それまで遺物の保管や整理等作業に特化していた補助内容に、新たに公開を進めるための埋蔵文化財センターの展示設備整備をはじめ、遺物再整理・体験学習・広報資料作成なども新たに加わりました。そしてそれ以降は毎年のように内容の改訂をおこない、現在ではさらに公共施設における展示施設の敷設、遺跡の説明板の設置（図38）、講演会・シンポジウム・公開講座などの事業も加わり、多彩な活用事業が展開できるようになりました。

ちなみに、第4章第2節でも紹介したように、埋蔵文化財の国庫補助金には発掘調査と活用の2種類があります。このうち活用については、埋蔵文化財関係の国庫補助金総額の約2割を占め、その件数は毎年増加しており、このことから地方公共団体における活用事業の活発化を確認することができます。

コラム19　「発掘された日本列島」展

埋蔵文化財保護に関する考え方の整理や体制の整備を目的に、文化庁は1994（平成6）年に「埋蔵文化財発掘調査体制等の整備充実に関する調査研究委員会」を立ち上げました。それと同時に活用の実践についても同年に検討を始め、翌1995（平成7）年に実施した事業が「発掘された日本列島」展（以下「列島展」と表記）でした。その狙いは、毎年約8,000件実施されている発掘調査の成果を広く国民に紹介して、埋蔵文化財保護の必要性と意義をご理解いただこうというものです（図39）。

毎年、都道府県からの推薦に基づき、地域的に偏ることなく旧石器時代から近現代までの発掘調査の成果を20〜30遺跡選び、全国の博物館や埋蔵文化財センターを中心に5カ所前後を巡回します。最近は、展示のマンネリ化対策として、文化庁が取り組む高松塚古墳やキトラ古墳の保護、世界文化遺産の発掘調査成果、記念物保護行政100年の歩みなど、さまざまなテーマ展示や展示パネルの工夫もおこなっています。また、天皇陛下のご観覧もこれまで2回ありました。

この列島展が始まってから、全国各地で列島展の都道府県版・市町村版も盛んにおこなわれるようになりました。

図 38　小学生が作成した遺跡の説明板（山梨県南アルプス市教育委員会提供）

南アルプス市では、埋蔵文化財専門職員の出前授業で考古学を学んだ小学生が、遺跡の案内板（上）や、説明板（下）を手作りします。一見稚拙に見えますが、子どもたちが作ったイラストや説明文にはつい目が行ってしまい微笑ましくなります。また南アルプス市では、文化財の説明板のフォーマットが決まっており、遠くからでも説明板の色やスタイルからそれが文化財の説明板であることが一目でわかります。

図 39 「発掘された日本列島」展の図録（文化庁編）
「発掘された日本列島」展では、その開催地周辺の大学で考古学を学ぶ学生対象に、解説ボランティアを募集します。この解説ボランティアに参加したことを契機に、埋蔵文化財専門職員になることを決心し、数年後に巡り巡って「発掘された日本列島」展に仕事として携わる元学生も徐々に増えてきました。

誰が活用をするのか？

埋蔵文化財保護のなかで保存に相当する発掘調査については誰もができるわけではなく、高い専門性を有した埋蔵文化財専門職員でないと難しいという認識はかなり定着してきました。一方で活用については、「教える」ことに長けた学校教員が学校から異動してきて担当することがこれまでは多く、さまざまな成果を収めてきました。しかし活用といっても、埋蔵文化財の場合その基本情報は発掘調査に基づくため、発掘現場での臨場感や整理等作業での緻密な作業の成果をドキドキ・ワクワクしながら伝えることが重要であり、それらについてはやはり埋蔵文化財専門職員の役割ということになります。

遺跡の整備も活用の一つです。整備の基本計画や実施計画の策定については、一般的にそれを専属的におこなう事業者（コンサルタント）に委託します。しかし、遺跡の価値や重要性そして整備すべきポイントなどは、やはりその遺跡や地域性について熟知した埋蔵文化財専門職員でなければ説明できません。これはボランティアによる遺跡解説や博物館などでの展示解説でも同様で、やはり埋蔵文化財専門職員によるボランティアの養成が不可欠になります。

よく「保存と活用は車の両輪」といわれます。保存重視でも、活用中心でもバランスが崩れます。まさにバランスよく一体的であることが求められます。したがって、保存と活用を別々の人がおこなうではなく、同じ埋蔵文化財専門職員が一体的におこなうことが理想です。そういう体制の整備と構築が、いま埋蔵文化財保護行政に求められているのです。

文化財保護を観光に繋げるという取り組みはとても素晴らしいことです。しかし、一時的・対処療法的な取り組みではなく、それが計画的で将来的なヴィジョンに基づく持続可能な取り組みになるなら、さらに大きく展開することでしょう。

3.　発掘調査成果の報告・公開

年間約8,000件の発掘調査の成果をどう伝えるか①──展示として──

日本では、約8,000件の発掘調査が毎年おこなわれています。それにかかる費用は約600億円、出土遺物は縦60㎝、横40㎝、高さ（深さ）15㎝のサイズのコンテナで約8,000箱、発掘調査報告書は約1,500冊刊行されています（第1章第2節）。したがって、毎日どこかで新たな発掘調査成果が生まれているといっても過言ではありません。そして、文化財は国民的財産と文化財保護法で謳っている以上、国民にはその成果を享受する権利があります。

発掘調査成果を広く公開するもっとも効果的な方法は展示です。展示には大きく分けて常設展示と企画展示があります。その地域の歴史や文化を発掘調査成果でまとめて年代順かつ総合的に展示するなら常設展示、発掘調査成果をいち早く伝えるなら速報展としての企画展示になります。

展示する場所としては、博物館や資料館、そして埋蔵文化財センターなどがあります。近年は、図書館や市町村庁舎の一角を利用して、小規模ながらも不特定多数の方々にその成果をみていただこうという取り組みも増えています。また、都道府県が主催して、域内の発掘調査成果を市町村が所管する施設で巡回展示する取り組みも各地でおこなわれています。

年間約8,000件の発掘調査の成果をどう伝えるか②──展示以外に──

展示以外の手法としては、講演会・シンポジウム・体験学習・遺跡見学会などがあります。これらは速報展や考古学・埋蔵文化財系の企画展示に際しての同時開催が効果的です。

講演会やシンポジウムでは、大学教員や他の地方公共団体職員に依頼する以外に、地域の事情に明るく実際にその発掘調査を担当した地元の埋蔵文化財専門職員によるお話は、親しみやすくてワクワク感が伝わり好評です。

体験学習は、土器や勾玉作り、火おこし、石器を使って調理した食材の鍋料理などがマンネリ的定番ですが、何千年も前の遺物と同じものを作る体験はやはり貴重です。特に、これら体験学習には、それを教える立場の人（おもにボランティア）が不可欠であり、そういった人の養成も重要になります（図40）。

遺跡見学会は近年とても盛んになっています。世界文化遺産やテ

図 40　復元した縄文時代の斧で伐採体験（上：宮城県東松島市縄文村歴史資料館提供）と縄文土器作り体験（下：新潟県津南町農と縄文の体験学習館なじょもんにて筆者撮影）

東松島市では、史跡里浜貝塚から出土した縄文時代の石斧を題材にした斧を復元し、それで実際に樹木の伐採体験をおこないます。斧の製作は大変ですが、それ以上に樹木の伐採の大変さを体験することで、縄文人の生活や苦労を想像します。

レビドラマの舞台になった文化財に関する旅行会社の企画ツアーは、いつも人気の高い取り組みです。地域の歴史を見直そうという見学会は、おもに地元の地方公共団体が主催します。城郭巡りや古墳巡りには、世代を超えた根強い人気があります。発掘調査成果の公開はアイデア次第。これからはデジタル技術も活用することで、さまざまな展開が期待される分野です。

展示は誰のため？

展示は誰のためにあるのでしょうか。これは愚問ですね。もちろん来館者のためにあります。しかし、来館者の滞在時間やいわゆる博物館疲労について考える埋蔵文化財専門職員は、あまり多くはないのかもしれません。

博物館などへの来館者の展示室での平均滞在時間は、展示面積にもよりますが1時間以下です。もちろん、稀に2〜3時間滞在する人もいますが、多くの人は40〜50分です。博物館疲労にはおもに3種類があります。一つ目はフローリングの場合に特に顕著ですが、長時間立っていること。二つ目は展示量が多すぎること。三つ目は解説パネルの文章量が多いこと。

カーペットは長時間立つことに優しい床ですが、ゴミ・ホコリ・虫など博物館にとっては大敵の巣窟になりがちで掃除も大変。フローリングは維持管理が簡単ですが、とにかく立ち疲れしますし、靴音も気になります。

考古学・埋蔵文化財系の学芸員もしくは埋蔵文化財専門職員はそれが重要だからと、本来の形が想定できない小破片の遺物や、同じ種類のものをたくさん展示する傾向にあります。たくさん出土しているから、たくさん展示しなければと思いうようですが、多ければ良いというものではありません。

また、解説パネルには多くの情報が盛り込まれ、一つのパネルに

250字以上の文字がビッシリと書き込まれた解説パネルが、いくつも並んだ情景もよくみかけます。来館者は展示全体や個別の展示品を見に来るのであって、解説パネルを読みに来るのではありません。一般的には、展示の趣旨や内容に関するパネルでは120〜150字、個別の遺物解説などは60字程度がベストでしょう。文字数が多くなると情報量が増え、内容も専門的になり、それをいくつも読むとなると来館者にとっては苦痛です。

展示は来館者のためであって、学芸員の自己満足のためではありません。限られた滞在時間の中で、心地よくわかりやすい観覧ができる工夫を、学芸員は常に怠ってはなりません。

博物館の多言語化対応

近年、国立博物館などでは展示解説文やキャプションなどの多言語化を進めています。日本語・英語・中国語・韓国語の4カ国語表記が一般的です。これは外国人観光客に、日本の歴史と文化をより深く理解していただこうという取り組みで、その趣旨には大いに賛同します。しかし、実際に展示ケースを覗いてみるとキャプションだらけで、展示品が小さい場合にはキャプションのなかに展示品が埋もれるといった状況です。また、多言語化はただ日本語を翻訳するだけでは不十分で、日本の歴史に詳しくない外国人が読むことを前提に、外国人用に内容をアレンジすることも必要になり大変な仕事量になります。さらに、国立博物館以外では、日本語と英語による2カ国語表記が現実的という考え方もあります。

さて、このような状況での博物館の多言語化対応。取り組みとしては良いことですがまだ始まったばかりであることから、体制整備を含めた考え方の整理と手法の工夫など、今後さらなる検討が必要なようです。

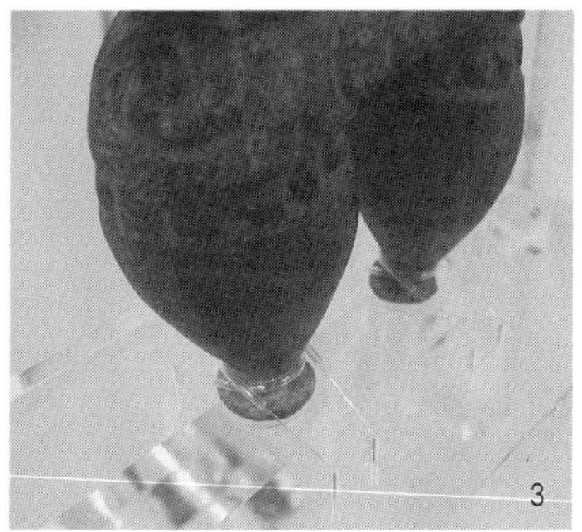

図41　土偶を立てて展示する（九州国立博物館 2005年、1：京都国立博物館所蔵、2・3：東京国立博物館所蔵）（筆者撮影）
この展示は写真正面が東日本の土偶、反対側が西日本の土偶で構成され、東西土偶の比較も一目でできるようになっています。新聞などでは「土偶のアパート」と報道され、縄文時代展示の中心的存在でした。

コラム20　展示効果と安全性──「置きっぱ展示」の功罪──

展示効果を意識して展示品をみやすく、わかりやすくする工夫と、安全性を確保する工夫は得てして相反しています。

例えば土偶の場合。多くの土偶は人の形をしていて、およそ二本足で立つことができます。また、背面（背中）に文様がある事例も少なくはありません。したがって、理想的には立てて展示し、壁付ケースではなく単体ケースに展示して背面も見えるようにすることが展示効

図42　火焔型土器の展示（九州国立博物館2005年、新潟県十日町市野首遺跡出土品、十日町市博物館所蔵）（筆者撮影）
照明は直上からに限ることで、複雑な造形の火焔型土器には随所に影ができ、その影によって火焔型土器の神秘的なイメージがさらに際立ちます。

果も大きくベストです。しかし、二本足だとどうしても不安定になるため、安全性を考慮して斜台などに寝かして展示することが一般的です。安全性は重要ですが、立っていない、背面の文様がみえない土偶は残念です。こういう展示手法を、俗に「置きっぱ展示」（「置きっぱなし展示」の略）といいます。

では、どうすれば土偶を立てることができるのでしょうか。もっとも一般的な手法は、土偶の後ろに軸を立て、そこに寄り添わせてテグスで2カ所以上固定することです。この場合、テグスは括れた首と胴部に巻くともっとも安定しますが、首に巻くことには視覚的にやや抵抗があります。その場合、図41のように両方の足首に前と後ろからクロスするようにテグスを巻くと、首と胴部の2カ所にテグスを巻く場合よりはるかに安定します。これを単体ケース内に設置することで、土偶は360°の全方向から見ることができます。かなり手間のかかる手法ですが、来館者のことを考慮するなら、本来立つべき土偶は本来の姿勢で展示することが理想です。

土器の場合。土器をたくさん展示する時、平面的に並べるとどうしても背後の土器の一部が前の土器に隠れてしまい、全体が見えない場合があります。こういった場合、さまざまな形の展示台（通称「サイコロ」）を駆使して段差を作り、その上に土器を配置して前後の土器が重ならないように工夫します（図42）。そしてできれば、展示ケース中央部前に来館者が立ってみた場合のことを想定して、土器が重なって見えないような位置関係の工夫をおこないます。いわゆるビューポイントを意識した展示です。展示もアイデア次第。少しの工夫と手間で、来館者が楽しめる展示ができます。

第8章　埋蔵文化財と考古学

1. 埋蔵文化財と考古学の関係

埋蔵文化財と考古学に関する国民の理解と意識

「埋蔵文化財」という言葉を知らない人はまだまだ多いでしょうが、「考古学といえば発掘調査」「発掘調査といえば考古学」という関係性を知らない人はもう少ないのではないでしょうか。

約46万8,000カ所の遺跡（周知の埋蔵文化財包蔵地）と、年間約8,000件の発掘調査と約1,500冊の発掘調査報告書。これらは世界のどの国よりも突出して多い数字です。遺跡数の多さは、全国の地方公共団体に配置された約5,600人の埋蔵文化財専門職員（この人数も世界最高）が、精密な分布調査をおこなった結果です。

発掘調査件数の多さは、開発事業の面積の広狭にかかわらず遺跡がある場合には記録保存の発掘調査を含め、埋蔵文化財保護の措置を執ることを文化財保護法が定めていることによります。しかし、その背景には、何といってもそれを理解・協力いただける国民の意識の高さがあります。特に、発掘調査費用の原因者負担は世界的に一般化しているとはいえ、それを法制化せず罰則規定もないまま運用ができている国は、世界的にはほぼ日本だけです。

では、埋蔵文化財保護に関する日本国民の意識の高さには、どのような背景があるのでしょうか。日本列島に人が住み始めた後期旧石器時代以来、中国大陸や朝鮮半島とは陸続きにはならず、いつの時代も独自の歴史と文化を育んできたことを、日本人は小学校以来の歴史の授業のなかで学んできました。したがって、自分たちの住む土地にある遺跡は、自分たちの祖先のものという感覚が無意識のうちに醸成され、遺跡は自分たちの歴史そのものであるという日本人独自のアイデンティーが、遺跡を保護する意識へとつながっていったと考えられます。特に、「考古学ブーム」の発端となった1972（昭和47）年の高松塚古墳や、「邪馬台国ブーム」の発端となった1989（平成元）年の吉野ヶ里遺跡の発掘調査は、日本人にとって考古学が身近なものになった大きな転機だったといえるでしょう。

99.7%の行政目的調査とわずか0.3%の学術目的調査

年間約8,000件の発掘調査のうち、大学や研究機関がおこなう学術目的調査は毎年20～30件程度（法第92条の届出を必要としない分布調査や測量調査は含まれない）。つまり、日本の発掘調査の約99.7%は行政目的調査ということになります。

行政目的調査は、①埋蔵文化財保護の理念が国民にある程度定着して理解を得るようになったこと、②埋蔵文化財保護を進めるに当たっての行政側の体制が整備・充実してきたこと、③日本経済の極端な昇降がなく開発事業自体もそれに応じて極端に増減しないこと、などから今後も年間約8,000件という数字に大きな変化はないと考えられます。

一方で学術目的調査も大学の場合は、①教員の業務の多様化、②考古学講座の増加に反して大学教育の多様化に伴う学生分散による考古学研究室規模の縮小（考古学の講座を有する大学は増えても一つの大学で考古学を専攻する学生が減る）、③夏季休暇の短縮化による発掘調査期間確保の難しさ、④発掘調査費用確保の難しさ、などから今後も現在の件数が大きく変わることはないか、場合によっては減るのではとやや危惧されます。

大学がおこなう学術目的調査は、基本的には行政目的調査と同じ考古学的手法に基づきます。しかし、第２章第３節でも示したように、目的がまったく異なり限定的であることと、経費と期間が限られるためどうしても規模は小さくなります。そうはいっても、学生にとっては発掘作業→整理等作業→報告書作成という発掘調査の全体的な流れを経験・把握する貴重な機会であることから、学術的成果よりも教育的効果のほうがはるかに大きくなります。このようなことから、教育機関である大学にとって学術目的調査は規模や体制が小さくとも、教育目的の達成という意味においては非常に重要な取り組みになるのです。

2. 埋蔵文化財保護行政と大学考古学研究

人材の育成と確保の必要性

文化庁が2020（令和２）年３月に報告した『埋蔵文化財専門職員の育成について──資質能力の段階区分に応じた人材育成の在り方──』では、埋蔵文化財専門職員に求められる能力として以下の５点が示されました（以下原文のまま）。

① 発掘調査を行ううえで必要な考古学・歴史学等の知識
② 実際の発掘調査を行う技術・能力
③ 埋蔵文化財行政に関する基礎知識
④ 埋蔵文化財の地域性や時代・種類に関する知識・技術
⑤ 埋蔵文化財の価値を広く伝えるための「活用」事業を企画・実施する能力

このうち①から③は、通常大学教育において習得されるものであり、④⑤についてもその醸成を促す取り組みの実施が大学教育で期待されています。埋蔵文化財保護行政側はこれらの能力を有した人材を埋蔵文化財専門職員として採用しないと、適切な業務遂行ができないことになります。特に、地域性が大きい埋蔵文化財を保護するに当たっては、その地域独自（特に都道府県単位）に育まれてきた理念と手法があり、これを上手く世代間で継承していくには、年齢構成に偏りのないバランスの良い埋蔵文化財専門職員の採用が期待されます。一方で大学側としても、考古学を専攻し考古学で卒業論文や修士論文を執筆した学部生や大学院生が、考古学に直結した職業である埋蔵文化財専門職員になることはとても望ましいことです。

したがって、大学における人材の育成と、埋蔵文化財保護行政における人材の確保は共通認識の下、一体的に進めることが極めて重要になります。

埋蔵文化財保護行政と大学考古学研究の連携

近年、考古学を専攻する学生の育成と確保を、一体的に進める取り組みが各地でおこなわれるようになりました。

埋蔵文化財保護行政と大学とが、共同あるいは合同で発掘調査を実施するとなると、予算執行や出土遺物の取り扱いに関して制限が多くなりがちです。そこで、協力程度の比較的緩やかな協定を結びながら、例えば遺跡の主要な部分は大学が学術目的調査をおこない、その遺跡の範囲確認については行政が保存目的調査をおこない、大学が報告書を作成したあとに、最終的には総括報告書を行政が作成する事例が増えています。これにより、学生は両方の発掘調査に関わることで、遺跡の全体像把握や、目的が異なる行政・大学両方の発掘調査を経験することができる有益な機会となります。

また、地方公共団体や法人調査組織が、夏季休暇中に学生を発掘調査に積極的に受け入れようとする取り組みも増えてきました。これはインターンシップのような役割を有しています。また、なかにはそれを、大学の考古学実習の一部として位置づけるべく協定を結んで実施する事例もあり、考古学実習の授業のなかで実際の発掘調査が含まれていない（発掘調査を実施する体制がなく含めることができない）大学にとってはとても有益です。もちろん行政にとっても、公共性が極めて高い発掘調査を通して大学との連携が図れることは、公益性という点においてとても有益なことです。

文化庁は 2015・2016（平成 27・28）年に、「埋蔵文化財保護行政説明会遺跡をまもってまちづくり――明日の埋蔵文化財保護行政を

図 43　2015（平成 27）年度第 2 回（奈良大学大会）埋蔵文化財保護行政説明会「遺跡をまもってまちづくり――明日の埋蔵文化財保護行政を担う――」配付資料の表紙（文化庁）
この説明会では当初、40 歳代と 20 歳代後半の都道府県と市町村の埋蔵文化財専門職員各 2 名ずつ合計で 4 名の発表でしたが、学生達は自分より少し先輩となる 20 歳代後半の発表者により大きな興味と関心を抱いたようでした。また、学生の質問は、やり甲斐の具体的な内容から、残業・休日出勤の有無など多岐にわたりました。

図 44　近畿地区文化財専門職員説明会（2020 年 1 月 26 日　同志社大学）
説明会では埋蔵文化財保護行政の仕事に就いて 5 年以下の若手職員に、学生時代に学んだ考古学や就職に至る経緯、そして現在の仕事の内容、辛さ、楽しさ、やり甲斐などを発表してもらいます。情報交換会では、近畿 7 府県ごとにテーブルを作り、埋蔵文化財専門職員と学生が談笑します。（筆者撮影）

担う――」と題した事業を、関東（明治大学）・関西（奈良大学）・九州（九州大学）・東北（東北大学）で実施しました（図43）。これは各地区の大学で考古学を専攻する学生を集め、同じ地区の埋蔵文化財専門職員に仕事内容ややり甲斐、自分の学生時代の経験や埋蔵文化財保護と考古学研究の関係性について熱く語っていただき、学生に埋蔵文化財保護行政に興味を持ちそれを仕事として目指してもらおうという取り組みです。近畿地区では2016年からこれを継承して毎年「近畿地区文化財専門職員説明会」を実施していますが、学生にも好評で、これを契機に埋蔵文化財専門職員への就職を決める学生も徐々に増えているとのことです（図44）。

埋蔵文化財と考古学の関係性（図45）

埋蔵文化財保護行政では毎年、約8,000件の発掘調査がおこなわれ、約1,500冊の発掘調査報告書が刊行されています。これにより膨大な最新情報が大学に提供され、大学はこの最新情報に基づき考

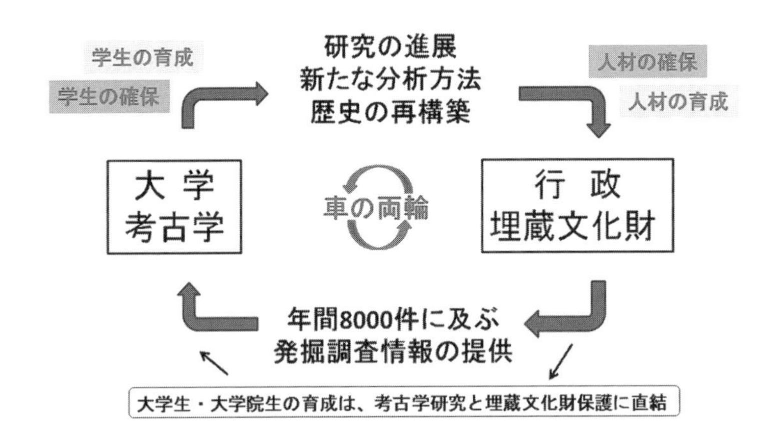

図45　循環する埋蔵文化財保護行政と考古学研究の関係性（筆者作成）

古学研究をより一層進め、新たな分析方法の開発や研究視点の提示、そして地域史や日本史の再構築をおこないます。それを受け行政は、今まで以上に高いレベルや精度の発掘調査を実施することが可能になり、いままで以上に中身の濃い成果を得ることができます。そしてさらに、その最新の成果を発掘調査報告書として大学に提示するという、発掘調査成果と研究成果の良き循環系が成り立っています。

この循環系には同時に、学生の育成と確保という循環系も付随します。すなわち先述したように、埋蔵文化財保護行政と大学が連携して各種取り組みをおこなうことで、大学における学生教育という人材育成と、行政における次世代育成のための人材確保が同時におこなわれることになります。この背景には、行政目的調査成果の大学への提供と、それに基づく考古学研究の発展、そしてさらにそれを踏まえた最新の行政目的調査による高いレベルと精度に基づく発掘調査の実現、という恒常的な循環系が存在しているのです。

このようにみてくると、埋蔵文化財保護行政と大学考古学研究は一体的な関係性、すなわちまさに「車の両輪」的な関係性がすでに存在していることになるのです。かつて大学は行政目的調査を遺跡の破壊行為と批判し、行政は大学教育では学生を育成できないと批判し、両者は険悪で微妙な関係にありました。しかし、本章でみてきたように、実際は両者の間には切っても切れない循環系の関係性がしっかりとできあがっており、また、次世代を担う人材を育成・確保することは共通の目的となっているのです。したがって今後は、お互いの立場と領域をどれだけ相互理解と協力のもとに発展させるのか、という共通認識を持つことが最大の目的であり、課題となるのです。

埋蔵文化財保護と考古学の原点は発掘調査です。それぞれに行政目的と学術目的という点において内容は異なりますが、「車の両輪」

として共に行動することで1+1が3にも4にもなる可能性を間違いなく秘めています。そのことを大前提と共通認識として、今後の埋蔵文化財保護行政と大学考古学研究が大きく発展することを切に期待します。

附　章　文化財保護法（抜粋）と関連年表

参考資料1　文化財保護法第6章（抜粋）

第六章　埋蔵文化財

（調査のための発掘に関する届出、指示及び命令）

第九十二条　土地に埋蔵されている文化財（以下「埋蔵文化財」という。）について、その調査のため土地を発掘しようとする者は、文部科学省令の定める事項を記載した書面をもつて、発掘に着手しようとする日の三十日前までに文化庁長官に届け出なければならない。ただし、文部科学省令の定める場合は、この限りでない。

2　埋蔵文化財の保護上特に必要があると認めるときは、文化庁長官は、前項の届出に係る発掘に関し必要な事項及び報告書の提出を指示し、又はその発掘の禁止、停止若しくは中止を命ずることができる。

（土木工事等のための発掘に関する届出及び指示）

第九十三条　土木工事その他埋蔵文化財の調査以外の目的で、貝づか、古墳その他埋蔵文化財を包蔵する土地として周知されている土地（以下「周知の埋蔵文化財包蔵地」という。）を発掘しようとする場合には、前条第一項の規定を準用する。この場合において、同項中「三十日前」とあるのは、「六十日前」と読み替えるものとする。

2　埋蔵文化財の保護上特に必要があると認めるときは、文化庁長官は、前項で準用する前条第一項の届出に係る発掘に関し、当該発掘前における埋蔵文化財の記録の作成のための発掘調査の実施その他の必要な事項を指示することができる。

（国の機関等が行う発掘に関する特例）

第九十四条　国の機関、地方公共団体又は国若しくは地方公共団体の設立に係る法人で政令の定めるもの（以下この条及び第九十七条において「国の機関等」と総称する。）が、前条第一項に規定する目的で周知の埋蔵文化財包蔵地を発掘しようとする場合においては、同条の規定を適用しないものとし、当該国の機関等は、当該発掘に係る事業計画の策定に当たつて、あらかじめ、文化庁長官にその旨を通知しなければならない。

2　文化庁長官は、前項の通知を受けた場合において、埋蔵文化財の保護上特に必要があると認めるときは、当該国の機関等に対し、当該事業計画の策定及びその実施について協議を求めるべき旨の通知をすることができる。

3　前項の通知を受けた国の機関等は、当該事業計画の策定及びその実施について、文化庁長官に協議しなければならない。

4　文化庁長官は、前二項の場合を除き、第一項の通知があつた場合において、当該通知に係る事業計画の実施に関し、埋蔵文化財の保護上必要な勧告をすることができる。

5　前各項の場合において、当該国の機関等が各省各庁の長（国有財産法（昭和二十三年法律第七十三号）第四条第二項に規定する各省各庁の長をいう。以下同じ。）であるときは、これらの規定に規定する通知、協議又は勧告は、文部科学大臣を通じて行うものとする。

（埋蔵文化財包蔵地の周知）

第九十五条　国及び地方公共団体は、周知の埋蔵文化財包蔵地について、資料の整備その他その周知の徹底を図るために必要な措置の実施に努めなければならない。

2　国は、地方公共団体が行う前項の措置に関し、指導、助言その他の必要と認められる援助をすることができる。

（遺跡の発見に関する届出、停止命令等）

第九十六条　土地の所有者又は占有者が出土品の出土等により貝づか、住居跡、古墳その他遺跡と認められるものを発見したときは、第九十二条第一項の規定による調査に当たつて発見した場合を除き、その現状を変更することなく、遅滞なく、文部科学省令の定める事項を記載した書面をもつて、その旨を文化庁長官に届け出なければならない。ただし、非常災害のために必要な応急措置を執る場合は、その限度において、その現状を変更することを妨げない。

2　文化庁長官は、前項の届出があつた場合において、当該届出に係る遺跡が重要なものであり、かつ、その保護のため調査を行う必要があると認めるときは、その土地の所有者又は占有者に対し、期間及び区域を定めて、その現状を変更することとなるような行為の停止又は禁止を命ずることができる。ただし、その期間は、三月を超えることができない。

3　文化庁長官は、前項の命令をしようとするときは、あらかじめ、関係地方公共団体の意見を聴かなければならない。

4　第二項の命令は、第一項の届出があつた日から起算して一月以内にしなければならない。

5　第二項の場合において、同項の期間内に調査が完了せず、引き続き調査を行う必要があるときは、文化庁長官は、一回に限り、当該命令に係る区域の全部又は一部について、その期間を延長することができる。ただし、当該命令の期間が、同項の期間と通算して六月を超えることとなつてはならない。

6　第二項及び前項の期間を計算する場合においては、第一項の届出があつた日から起算して第二項の命令を発した日までの期間が含まれるものとする。

7　文化庁長官は、第一項の届出がなされなかつた場合においても、第二項及び第五項に規定する措置を執ることができる。

8　文化庁長官は、第二項の措置を執つた場合を除き、第一項の届出がなされた場合には、当該遺跡の保護上必要な指示をすることができる。前項の規定により第二項の措置を執つた場合を除き、第一項の届出がなされなかつたときも、同様とする。

9　第二項の命令によつて損失を受けた者に対しては、国は、その通常生ずべき損失を補償する。

10　前項の場合には、第四十一条第二項から第四項までの規定を準用する。

（国の機関等の遺跡の発見に関する特例）

第九十七条　国の機関等が前条第一項に規定する発見をしたときは、同条の規定を適用しないものとし、第九十二条第一項又は第九十九条第一項の規定による調査に当たつて発見した場合を除き、その現状を変更することなく、遅滞なく、その旨を文化庁長官に通知しなければならない。ただし、非常災害のために必要な応急措置を執る場合は、その限度において、その現状を変更することを妨げない。

2　文化庁長官は、前項の通知を受けた場合において、当該通知に係る遺跡が重要なものであり、かつ、その保護のため調査を行う必要があると認めるときは、当該国の機関等に対し、その調査、保存等について協議を求めるべき旨の通知をすることができる。

3　前項の通知を受けた国の機関等は、文化庁長官に協議しなければならない。

4　文化庁長官は、前二項の場合を除き、第一項の通知があつた場合において、当該遺跡の保護上必要な勧告をすることができる。

5　前各項の場合には、第九十四条第五項の規定を準用する。

（文化庁長官による発掘の施行）

第九十八条　文化庁長官は、歴史上又は学術上の価値が特に高く、かつ、その調査が技術的に困難なため国において調査する必要があると認められる埋蔵文化財については、その調査のため土地の発掘を施行することができる。

2　前項の規定により発掘を施行しようとするときは、文化庁長官は、あらかじめ、当該土地の所有者及び権原に基づく占有者に対し、発掘の目的、方法、着手の時期その他必要と認める事項を記載した令書を交付しなければならない。

3　第一項の場合には、第三十九条（同条第三項において準用する第三十二条の二第五項の規定を含む。）及び第四十一条の規定を準用する。

（地方公共団体による発掘の施行）

第九十九条　地方公共団体は、文化庁長官が前条第一項の規定により発掘を施行するものを除き、埋蔵文化財について調査する必要があると認めるときは、埋蔵文化財を包蔵すると認められる土地の発掘を施行することができる。

2　地方公共団体は、前項の発掘に関し、事業者に対し協力を求めることができる。

3　文化庁長官は、地方公共団体に対し、第一項の発掘に関し必要な指導及び助言をすることができる。

4　国は、地方公共団体に対し、第一項の発掘に要する経費の一部を補助することができる。

（返還又は通知等）

第百条　第九十八条第一項の規定による発掘により文化財を発見した場合において、文化庁長官は、当該文化財の所有者が判明しているときはこれを所有者に返還し、所有者が判明しないときは、遺失物法（平成十八年法律第七十三号）第四条第一項の規定にかかわらず、警察署長にその旨を通知することをもつて足りる。

2　前項の規定は、前条第一項の規定による発掘により都道府県又は地方自治法（昭和二十二年法律第六十七号）第二百五十二条の十九第一項の指定都市（以下「指定都市」という。）若しくは同法第二百五十二条の二十二第一項の中核市（以下「指定都市等」という。）の教育委員会が文化財を発見した場合における当該教育委員会について準用する。

3　第一項（前項において準用する場合を含む。）の通知を受けたときは、警察署長は、直ちに当該文化財につき遺失物法第七条第一項の規定による公告をしなければならない。

（提出）

第百一条　遺失物法第四条第一項の規定により、埋蔵物として提出された物件が文化財と認められるときは、警察署長は、直ちに当該物件を当該物件の発見された土地を管轄する都道府県の教育委員会（当該土地が指定都市等の区域内に存する場合にあつては、当該指定都市等の教育委員会。次条において同じ。）に提出しなければならない。ただし、所有者の判明している場合は、この限りでない。

（鑑査）

第百二条　前条の規定により物件が提出されたときは、都道府県の教育委員会は、当該物件が文化財であるかどうかを鑑査しなければならない。

2　都道府県の教育委員会は、前項の鑑査の結果当該物件を文化財と認めたときは、その旨を警察署長に通知し、文化財でないと認めたときは、当該物件を警察署長に差し戻さなければならない。

（引渡し）

第百三条　第百条第一項に規定する文化財又は同条第二項若しくは前条第二項に規定する文化財の所有者から、警察署長に対し、その文化財の返還の請求があつたときは、文化庁長官又は都道府県若しくは指定都市等の教育委員会は、当該警察署長にこれを引き渡さなければならない。

（国庫帰属及び報償金）

第百四条　第百条第一項に規定する文化財又は第百二条第二項に規定する文化財（国の機関又は独立行政法人国立文化財機構が埋蔵文化財の調査のための土地の発掘により発見したものに限る。）で、その所有者が判明しないものの所有権は、国庫に帰属する。この場合においては、文化庁長官は、当該文化財の発見された土地の所有者にその旨を通知し、かつ、その価格の二分の一に相当する額の報償金を支給する。

2　前項の場合には、第四十一条第二項から第四項までの規定を準用する。

（都道府県帰属及び報償金）

第百五条　第百条第二項に規定する文化財又は第百二条第二項に規定する文化財（前条第一項に規定するものを除く。）で、その所有者が判明しないものの所有権は、当該文化財の発見された土地を管轄する都道府県に帰属する。この場合においては、当該都道府県の教育委員会は、当該文化財の発見者及びその発見された土地の所有者にその旨を通知し、かつ、その価格に相当する額の報償金を支給する。

2　前項に規定する発見者と土地所有者とが異なるときは、前項の報償金は、折半して支給する。

3　第一項の報償金の額は、当該都道府県の教育委員会が決定する。

4　前項の規定による報償金の額については、第四十一条第三項の規定を準用する。

5　前項において準用する第四十一条第三項の規定による訴えにおいては、都道府県を被告とする。

（譲与等）

第百六条　政府は、第百四条第一項の規定により国庫に帰属した文化財の保存のため又はその効用から見て国が保有する必要がある場合を除いて、当該文化財の発見された土地の所有者に、その者が同条の規定により受けるべき報償金の額に相当するものの範囲内でこれを譲与することができる。

2　前項の場合には、その譲与した文化財の価格に相当する金額は、第百四条に規定する報償金の額から控除するものとする。

3　政府は、第百四条第一項の規定により国庫に帰属した文化財の保存のため又はその効用から見て国が保有する必要がある場合を除いて、独立行政法人国立文化財機構又は当該文化財の発見された土地を管轄する地方公共団体に対し、その申請に基づき、当該文化財を譲与し、又は時価よりも低い対価で譲渡することができる。

第百七条　都道府県の教育委員会は、第百五条第一項の規定により当該都道府県に帰属した文化財の保存のため又はその効用から見て当該都道府県が保有する必要がある場合を除いて、当該文化財の発見者又はその発見された土地の所有者に、その者が同条の規定により受けるべき報償金の額に相当するものの範囲内でこれを譲与することができる。

2　前項の場合には、その譲与した文化財の価格に相当する金額は、第百五条に規定する報償金の額から控除するものとする。

（遺失物法の適用）

第百八条　埋蔵文化財に関しては、この法律に特別の定めのある場合のほか、遺失物法の適用があるものとする。

（文化財保護指導員）

第百九十一条　都道府県の教育委員会に、文化財保護指導委員を置くことができる。

2　文化財保護指導委員は、文化財について、随時、巡視を行い、並びに所有者その他の関係者に対し、文化財の保護に関する指導及び助言をするとともに、地域住民に対し、文化財保護思想について普及活動を行うものとする。

3　文化財保護指導委員は、非常勤とする。

参考資料2　埋蔵文化財の発掘又は遺跡発見の届出等に関する規則

昭和二十九年文化財保護委員会規則第五号

埋蔵文化財の発掘又は遺跡の発見の届出等に関する規則

文化財保護法（昭和二十五年法律第二百十四号）第十五条第一項、第五十七条第一項及び同法第五十七条の二第一項で準用する同条同項の規定に基き、埋蔵文化財発掘調査等の届出に関する規則を次のように定める。

（発掘調査の場合の届出書の記載事項及び添附書類）

第一条　文化財保護法（昭和二十五年法律第二百十四号。以下「法」という。）第九十二条第一項の規定による届出の書面には、次に掲げる事項を記載するものとする。

一　発掘予定地の所在及び地番

二　発掘予定地の面積

三　発掘予定地に係る遺跡の種類、員数及び名称並びに現状

四　発掘調査の目的

五　発掘調査の主体となる者の氏名及び住所（国若しくは地方公共団体の機関又は法人その他の団体の場合は、その名称及び代表者の氏名並びに事務所の所在地）

六　発掘担当者の氏名及び住所並びに経歴

七　発掘着手の予定時期

八　発掘終了の予定時期

九　出土品の処置に関する希望

十　その他参考となるべき事項

2　前項の届出の書面には、次に掲げる書類を添えなければならない。

一　発掘予定地及びその付近の地図（周知の埋蔵文化財包蔵地における発掘の場合は、当該地図に埋蔵文化財包蔵地の概略の範囲を記入したもの）

二　発掘担当者が発掘調査の主体となる者以外の者であるときは、発掘担当者の発掘担当承諾書

三　発掘予定地の所有者の承諾書

四　発掘予定地につき権原に基く占有者があるときは、その承諾書

五　発掘予定地の区域において、石灰石、ドロマイト、耐火粘土、砂鉱等地表に近い部分に存する鉱物につき鉱業権が設定されているときは、当該鉱業権者の承諾書

（土木工事等による発掘の場合の届出書の記載事項及び添附書類）

第二条　法第九十三条第一項で準用する法第九十二条第一項の規定による発掘届出の書面には、次に掲げる事項を記載するものとする。

一　土木工事等をしようとする土地の所在及び地番

二　土木工事等をしようとする土地の面積

三　土木工事等をしようとする土地の所有者の氏名又は名称及び住所

四　土木工事等をしようとする土地に係る遺跡の種類、員数及び名称並びに現状

五　当該土木工事等の目的、計画及び方法の概要

六　当該土木工事等の主体となる者（当該土木工事等が請負契約等によりなされるときは、契約の両当事者）の氏名及び住所（法人その他の団体の場合は、その名称及び代表者の氏名並びに事務所の所在地）

七　当該土木工事等の施行担当責任者の氏名及び住所

八　当該土木工事等の着手の予定時期

九　当該土木工事等の終了の予定時期

十　その他参考となるべき事項

2　前項の届出の書面には、土木工事等をしようとする土地及びその付近の地図並びに当該土木工事等の概要を示す書類及び図面を添えなければならない。

（事前の届出を要しない場合等）

第三条　法第九十二条第一項ただし書（法第九十三条第一項で準用する場合を含む。）の文部省令の定める場合は、次に掲げる場合とする。

一　当該発掘に関し、法第百二十五条第一項の規定により現状変更等の許可の申請をした場合

二　非常災害その他特別の事由により緊急に発掘を行う必要がある場合

2　前項第二号に掲げる場合においては、当該発掘を行つた者は、発掘終

了後遅滞なく、法第九十二条第一項の規定により届出をすべき場合にあつては第一条第一項各号に掲げる事項を文化庁長官（法第百八十四条第一項第六号及び文化財保護法施行令（昭和五十年政令第二百六十七号。以下「令」という。）第五条第一項第五号の規定により法第九十二条第一項の規定による届出の受理を都道府県の教育委員会が行う場合には、当該都道府県の教育委員会）に、法第九十三条第一項で準用する法第九十二条第一項の規定により届出をすべき場合にあつては前条第一項各号に掲げる事項を文化庁長官（法第百八十四条第一項第六号及び令第五条第二項の規定により法第九十三条第一項で準用する法第九十二条第一項の規定による届出の受理を都道府県又は指定都市（地方自治法（昭和二十二年法律第六十七号）第二百五十二条の十九第一項の指定都市をいう。以下同じ。）の教育委員会が行う場合には、当該都道府県又は指定都市の教育委員会）に届け出なければならない。

（遺跡発見の場合の届出書の記載事項及び添付書類）

第四条　法第九十六条第一項の規定による届出の書面には、次に掲げる事項を記載するものとする。

一　遺跡の種類
二　遺跡の所在及び地番
三　遺跡の所在する土地の所有者の氏名又は名称及び住所並びに法人にあつては、その代表者の氏名
四　遺跡の所在する土地の占有者の氏名又は名称及び住所並びに法人にあつては、その代表者の氏名
五　遺跡の発見年月日
六　遺跡を発見するに至つた事情
七　遺跡の現状
八　遺跡の現状を変更する必要のあるときは、その時期及び理由
九　出土品のあるときは、その種類、形状及び数量
十　遺跡の保護のため執つた、又は執ろうとする措置
十一　その他参考となるべき事項

2　前項の届出の書面には、遺跡が発見された土地及びその付近の地図並びに土木工事等により遺跡の現状を変更する必要があるときは、当該土木工事等の概要を示す書類及び図面を添えなければならない。

参考資料３　史跡名勝天然記念物標識等設置基準規則

昭和二十九年文化財保護委員会規則第七号

史跡名勝天然記念物標識等設置基準規則

文化財保護法（昭和二十五年法律第二百十四号）第十五条第一項及び第七十二条第一項（同法第七十五条及び第九十五条第五項で準用する場合を含む。）の規定に基き、史跡名勝天然記念物標識等設置基準規則を次のように定める。

（標識）

第一条　文化財保護法（昭和二十五年法律第二百十四号。以下「法」という。）第百十五条第一項（法第百二十条及び第百七十二条第五項で準用する場合を含む。以下同じ。）の規定により設置すべき標識は、石造とするものとする。ただし、特別の事情があるときは、金属、コンクリート、木材その他石材以外の材料をもつて設置することを妨げない。

2　前項の標識には、次に掲げる事項を彫り、又は記載するものとする。

一　史跡、名勝又は天然記念物の別（特別史跡、特別名勝又は特別天然記念物の別を表示することを妨げない。）及び名称

二　文部科学省（仮指定されたものについては、仮指定を行つた都道府県又は地方自治法（昭和二十二年法律第六十七号）第二百五十二条の十九第一項の指定都市の教育委員会の名称）の文字（所有者又は管理団体の氏名又は名称を併せて表示することを妨げない。）

三　指定又は仮指定の年月日

四　建設年月日

3　第一項の標識の表面の外、裏面又は側面を使用する場合には、前項第二号から第四号に掲げる事項は裏面又は側面に、裏面及び側面を使用する場合には、前項第二号に掲げる事項は裏面に前項第三号及び第四号に掲げる事項は側面に、それぞれ表示するものとする。

（説明板）

第二条　法第百十五条第一項の規定により設置すべき説明板には、次に掲げる事項を平易な表現を用いて記載するものとする。

一　特別史跡若しくは史跡、特別名勝若しくは名勝又は特別天然記念物若しくは天然記念物の別及び名称

二　指定又は仮指定の年月日

三　指定又は仮指定の理由

四　説明事項

五　保存上注意すべき事項

六　その他参考となるべき事項

2　前項の説明板には、指定又は仮指定に係る地域を示す図面を掲げるものとする。但し、地域の定がない場合その他特に地域を示す必要のない場合は、この限りでない。

（標柱及び注意札）

第三条　前条第一項第四号又は第五号に掲げる事項が指定又は仮指定に係る地域内の特定の場所又は物件に係る場合で特に必要があるときは、当該場所若しくは物件を標示する標柱又は当該場所若しくは物件の保存上注意すべき事項を記載した注意札を設置するものとする。

（境界標）

第四条　法第百十五条第一項の規定により設置すべき境界標は、石造又はコンクリート造とする。

2　前項の境界標は、十三センチメートル角の四角柱とし、地表からの高さは三十センチメートル以上とするものとする。

3　第一項の境界標の上面には指定又は仮指定に係る地域の境界を示す方向指示線を、側面には史跡境界、名勝境界又は天然記念物境界の文字（特別史跡境界、特別名勝境界又は特別天然記念物境界の文字とすることを妨げない。）及び文部科学省の文字を彫るものとする。

4　第一項の境界標は、指定又は仮指定に係る地域の境界線の屈折する地点その他境界線上の主要な地点に設置するものとする。

（標識等の形状等）

第五条　第一条から前条までに定めるものの外、標識、説明板、標柱、注意

札又は境界標の形状、員数、設置場所その他これらの施設の設置に関し必要な事項は、当該史跡、名勝又は天然記念物の管理のため必要な程度において、環境に調和するよう設置者が定めるものとする。

（囲いその他の施設）

第六条　法第百十五条第一項の規定により設置すべき囲いその他の施設については、前条の規定を準用する。

参考資料4　史跡、名勝、天然記念物および埋蔵文化財包蔵地等の保護について（依頼）

文 委 記 第 14 号
昭和 39 年 2 月 10 日

建設省官房長、農林省官房長、運輸省官房長、厚生省官房長、通商産業省官房長、北海道開発庁事務次官、首都圏整備委員会事務局長、近畿圏整備委員会本部次長、日本国有鉄道副総裁、日本住宅公団副総裁、水資源開発公団副総裁、首都高速道路公団理事長、阪神高速道路公団理事長、帝都高速度交通営団副総裁、東北開発株式会社副総裁、電源開発株式会社副総裁

文化財保護護委員会事務局長

史跡、名勝、天然記念物および埋蔵文化財包蔵地等の保護について（依頼）

最近における開発行為等の公共事業の活発化にともない、史跡、名勝、天然記念物および埋蔵文化財包蔵地等の保護については、まことに憂慮すべきものがあり、国会でも埋蔵文化財保護の立場からしばしばとりあげられ、当委員会としても従来から関係各方面に対して、その保護について協力方を要請してきたところであります。

ついては、今後とも、貴管下各種事業の計画立案にあたっては、文化財保護法の趣旨を尊重され、史跡、名勝、天然記念物及び埋蔵文化財包蔵地等の保護について、下記により格別の御理解と御協力をお願いいたします。

また、このことについては、貴管下の出先機関に対しても御連絡のうえ、関係各都道府県および市町村の教育委員会とつねに密接な連格をとられるよう御指示願います。

なお、このことについて大蔵省主計局長あて別紙写し（1）のとおり依頼しましたので御了知ください。

おって、日本道路公団においては、下記の趣旨を諒とされ、先般それに基づく「埋蔵文化財発掘調査要領」を別紙写し（2）のとおり定めましたので、御参考までに送付します。

記

貴事業計画地域内に、史跡、名勝、天然記念物および埋蔵文化財包蔵地等が所在する場合には、当該計画の遂行に重大な支障を生ずるような計画変更を要することとなることもあるので、計画の立案および実施にあたっては、次の措置をとられたいこと。

(1) 史跡、名勝、天然記念物および埋蔵文化財包蔵地等については、原則として当該計画から除外すること。ただし、そのことにより計画に重大な支障が生ずる箇所については、当委員会に対し事前協議を行うこと。

(2) 事前協議の結果、当委員会が現状変更または埋裁文化財包蔵地の発掘もやむをえないと考えるものについては、文化財保護法による所定の許可申請等の手続をとること。

(3) 上記 (2) により現状変更が行われ、または減失することとなるものについては、貴機関が、関係各都道府県教育委員会に委嘱して、事前発掘調査等を行い、記録保存の措置をとること。

(4) 上記 (3) に必要な経費は、当該事業関係予算により負担されたいこと。

参考資料5　直轄道路事業の建設工事施行に伴う埋蔵文化財の取扱いの一部変更について

国道国防第158号
平成26年12月1日

北海道開発局建設部長　あて
各地方整備局道路部長
沖縄総合事務局開発建設部企画調整官

国土交通省　道路局
国道・防災課長

直轄道路事業の建設工事施行に伴う埋蔵文化財の取扱いの一部変更について

直轄道路事業の建設工事施行に伴う埋蔵文化財の取扱い（建設省道一発第93号昭和46年11月1日（平成4年12月4日一部改正））について、一部変更するので通知する。

直轄道路事業の建設計画線の立案にあたって、貝塚、古墳その他埋蔵文化財を包蔵する土地（文化財保護法（昭和25年法律第214号）第93条第1項に規定する周知の埋蔵文化財包蔵地をいう。以下「埋蔵文化財包蔵地」という。）を極力回避し現状保存することは当然のことであるが、道路の線形等により止むを得ず現状保存できない場合は、文化財保護法の趣旨を尊重し、下記事項に留意の上、適切に対応されたい。

なお、文化庁文化財部記念物課とは、協議済みであることを申し添える。

記

1. 直轄道路事業の建設工事施行にあたっては、事前に埋蔵文化財包蔵地における埋蔵文化財の有無及び取扱いについて、関係地方公共団体と協議すること。埋蔵文化財の適切な取扱いを判断するために必要な予備調査（分布調査、試掘・確認調査）の準備作業（調査対象地の樹木の除去、進入路の確保等）については費用負担を行うこととするが、予備調査については、原則、関係地方公共団体が費用負担を行うものとする。

2. 上記 1. の調査の結果、埋蔵文化財包蔵地において発掘調査が必要となった場合は、関係地方公共団体へ発掘調査の必要性、調査地の範囲の決定根拠等を確認した上で、以下の事項について関係地方公共団体（関係地方公共団体が指示する公益法人等を含む。）と協定もしくは契約を締結すること。上記 1. と同様、当該発掘調査の準備作業は、費用負担を行うこととする。なお、協定等締結後、直轄道路事業や発掘調査の進捗状況等により、協定等内容の変更が必要となった場合は、発掘調査の期間、費用等について関係地方公共団体と十分協議すること。

①発掘調査地の範囲
②発掘調査の期間
③発掘調査費及び当該費用のうち直轄道路事業が負担する範囲
④発掘調査の実施に係る契約の方法及び当該契約の支払いの方法
⑤特に重要な埋蔵文化財が発見された場合の対応方針
⑥その他必要事項

3. 発掘調査費には、①発掘作業費、②整理等作業費、③発掘調査報告書作成費がある。直轄道路事業が負担する範囲については、原則として直轄道路事業施行地内に係るものとし、発掘作業費及び発掘された出土文化財に係る必要最小限の整理等作業費（継続的な管理費、その他学術的研究のための費用は含まない）、発掘調査報告書作成費（300 部を上限）とする。

①発掘作業費

発掘作業費は、文化庁の「埋蔵文化財緊急調査国庫補助要項（別紙）」に準拠する。なお、関係地方公共団体の職員（嘱託職員を含む）は旅費のみとする。

②整理等作業費

整理等作業費は、文化庁の「埋蔵文化財緊急調査国庫補助要項（別

紙)」に準拠する。また、発掘作業によって発掘された出土文化財の整理等作業（緊急を要するさび止め、腐食防止のために行う自然科学的な保存処理及びを含む。)、記録類の整理、並びにそれらを統合した発掘調査報告書の作成及び印刷等（これらに係る人件費のうち、関係地方公共団体の職員（嘱託職員を含む）については旅費のみとする。また、出土文化財、発掘調査報告書等を保管（展示、閲覧等含む）するための経費は含まない。）とする。

③発掘調査報告書類作成費

上記 3. ②で整理された内容をまとめた発掘調査報告書の印刷費及び配布送料とする。

発掘調査報告書の作成部数は、300 部を上限として関係地方公共団体（関係地方公共団体が指示する公益法人等を含む。）と合意した部数とする。発掘調査報告書の配布先は、『発掘調査のてびき──整理・報告書編──』(2010 文化庁発行）に記載された機関をもとに、関係地方公共団体（関係地方公共団体が指示する公益法人等を含む。）と協議し決定すること。

4. 発掘調査費の精算にあたっては、関係地方公共団体（関係地方公共団体が指示する公益法人等を含む。）から発掘調査の実施結果に基づく実績報告書、精算調書（必ず経費の実支出額の根拠資料を添付）を提出させ、完了確認を行うこと。

5. 発掘又は発見された埋蔵文化財は、文化財保護法の主旨に鑑み、一切の権利を放棄するとともに、速やかに遺失物法（明治 32 年法律第 87 号）第 1 条及び第 7 条の所定の手続きを行うものとする。

年表　埋蔵文化財保護行政と考古学研究・発掘調査のおもな歴史

西暦	元号	法律・通知・報告など	発掘調査・史跡指定など	関連する社会的な出来事
1871	明治4	◆古器旧物保存方		
1877	明治10		モース大森貝塚発掘	
1884	明治17		最初の弥生土器発見	
1900	明治33	帝国古蹟取調会設置		
1911	明治44	史蹟名勝天然紀念物保存会設立 史蹟及天然紀念物保存ニ関スル建議可決		
1919	大正8	◆史蹟名勝天然紀年物保存法制定		
1921	大正10		3月3日最初の史跡指定	
1926	大正15 昭和元		高ヶ坂石器時代遺跡（最初の竪穴建物確認）	
1928	昭和3	史跡名勝天然紀念物の所管が内務省から文部省へ		
1947	昭和22		登呂遺跡発掘	
1948	昭和23		明治天皇聖蹟史跡指定解除	日本考古学協会結成
1949	昭和24		岩宿遺跡発見	法隆寺金堂の火災
1950	昭和25	◆文化財保護法制定	吉胡貝塚（最初の国営発掘）	
1954	昭和29	◆文化財保護法改正（現第92～94条） 史跡名勝天然紀念物標識等設置基準規則		
1955	昭和30		大森貝塚史跡指定 いたすけ古墳保存運動	
1957	昭和32			名神高速道路着工

1964	昭和 39	［通知］史跡名勝天然記念物および埋蔵文化財包蔵地等の保護について		東京オリンピック 東海道新幹線開通
1965	昭和 40	［覚書］日本住宅公団の事業施行に伴う		東名高速道路着工
1966	昭和 41	埋蔵文化財包蔵地の取扱いに関する覚書	『埋蔵文化財発掘調査の手びき』	多摩ニュータウン
1968	昭和 43	文化財保護委員会から文化庁へ		
1969	昭和 44		綾羅木郷遺跡史跡指定	
1971	昭和 46	［通知］直轄道路事業の建設工事施工に伴う埋蔵文化財の取扱いについて（建設省）		
1972	昭和 47		高松塚古墳・考古学ブーム	田中角栄『日本列島改造論』（高度経済成長）
1975	昭和 50	◆文化財保護法改正（現第 99 条）		世界遺産条約発効
1977	昭和 52		弥生二丁目遺跡史跡指定	
1979	昭和 54		岩宿遺跡史跡指定	
1989	昭和 64 平成元		吉野ヶ里遺跡・邪馬台国ブーム	
1991	平成 3			1986 年 12 月から続いたバブル経済が 2 月に終了（バブル崩壊）
1992	平成 4			日本が世界遺産条約を批准
1994	平成 6	埋蔵文化財発掘調査体制等の整備充実に関する調査検討委員会設置		
1995	平成 7	［総務庁］芸術文化の振興に関する行政監察結果報告書 ［通知］埋蔵文化財の保護		「発掘された日本列島」展 阪神・淡路大震災

		と発掘調査の円滑化について		
1996	平成 8		原爆ドーム世界遺産登録	
1997	平成 9	[通知] 出土品の取扱いについて		
1998	平成 10	[通知] 埋蔵文化財の保護と発掘調査の円滑化等について（平成 10 年通知）		
2000	平成 12	◆地方分権の推進を図るための関係法律の整備等に関する法律（地方分権一括法） [報告] 埋蔵文化財の本発掘調査に関する積算標準について	三内丸山遺跡・キトラ古墳・原の辻遺跡特別史跡指定	前期旧石器捏造事件
2003	平成 15	[報告] 出土品の保管について		
2004	平成 16	[報告] 行政目的で行う埋蔵文化財の調査についての標準	埋蔵文化財活用関係補助金の改正	
2005	平成 17			平成の大合併ピーク（～2007 年）
2007	平成 19	[報告] 埋蔵文化財の保存と活用	石見銀山遺跡とその文化的景観世界遺産登録	
2008	平成 20	[報告] 今後の埋蔵文化財保護体制のあり方について		法人制度改革（～2013 年）
2009	平成 21	[中間まとめ] 埋蔵文化財保護行政における資格のあり方について		日本考古学協会で発掘調査資格シンポジウム
2010	平成 22		『発掘調査のてびき』（集落遺跡発掘編、整理・報告書編）	会計検査院による原因者負担範囲の指摘
2011	平成 23		平泉世界遺産登録	東日本大震災
2012	平成 24		鷹島神崎遺跡史跡指定（最初の水中遺跡指定）	

2013	平成 25		『発掘調査のてびき』（各種遺跡調査編）	
2014	平成 26	［通知］適正な埋蔵文化財保護体制のあり方報告 ［通知］直轄道路事業の建設工事施工に伴う埋蔵文化財の取扱いの一部変更について（国土交通省）		東京国立博物館「キトラ古墳壁画」展3時間半待ち
2015	平成 27		明治日本の産業革命遺産世界遺産登録	
2016	平成 28			熊本地震
2017	平成 29	［報告］水中遺跡保護の在り方について［報告］埋蔵文化財保護行政におけるデジタル技術の導入について1・2	宗像・沖ノ島と関連遺産群世界遺産登録、加曽利貝塚特別史跡指定	
2018	平成 30		長崎と天草地方の潜伏キリシタン関連遺産世界遺産登録	
2019	平成 31 令和元	◆文化財保護法改正（活用重視）	百舌鳥・古市古墳群世界遺産登録、埼玉古墳群特別史跡指定	
2020	令和 2	［報告］埋蔵文化財専門職員の育成について［報告］埋蔵文化財保護行政におけるデジタル技術の導入について3		

◆は法律関連

あとがき

大学院生だった25歳の時、福岡県教育委員会に就職して発掘調査や生涯学習の仕事に12年、その後九州国立博物館の立ち上げに6年、さらに文化庁記念物課埋蔵文化財部門では12年と、考古学にかかわる多くの仕事に携わることができました。そして縁あって、2018年4月に大学教員になりました。

大学では考古学と文化財保護を担当しています。考古学の原点ともいえる発掘調査は、日本では年間約8,000件もおこなわれています。そのほとんどは行政目的の発掘調査であり、その成果は日本の考古学研究にとっては不可欠な情報の源泉です。つまり日本では、第8章でも詳述しましたが、考古学研究は埋蔵文化財保護行政と一体的な関係性を有しており、まさに両者は車の両輪なのです。

そこで私の考古学関係の授業では、その約3割を現在の文化財保護全般に関すること、すなわち文化財保護の基本理念や保存と活用に関する具体的な事例の説明に充てています。その理由は、年間約8,000件の発掘調査はまさに現代の文化財保護行政の枠組みの中にあることや、現在の史跡整備や博物館の考古展示はもちろん、例えば世界文化遺産に登録されている日本の資産の多くも、最新の考古学研究の成果に基づいているからです。そうしないと、考古学は現代社会から遠くてあまり関係のない過去の遺跡や遺物を研究するだけの学問になってしまうのでは、という危機感があるからです。

ところで、大学においてこのような観点から実際に授業をおこなおうとしても、学生が理解しやすい埋蔵文化財保護と考古学研究の関係性に関する入門書がほとんどないことに気づきました。そこで、私自身の30年に及ぶ行政経験を活かして作成したものが本書になります。本書は入門書といっても、学生には少し難しいかもしれません。しかし、学生が将来埋蔵文化財専門職員になってもある程度使える内容でないと現実的ではないと考え、試行錯誤を繰り返し本書の内容とレベルに落ち着いた次第です。

このことを踏まえ本書の全体を見渡すと、発掘調査件数や文化庁が発出する文書名などの同じ文言が繰り返し登場します。これは本書全体を最初から通読しなくとも、必要な箇所、読みたい箇所だけを読んでも理解できるようにと工夫した結果のものです。

ところで最近、「考古学を専攻する学生の数は以前と変わらないが、埋蔵文化財専門職員を希望する、目指す学生が減った」という話をよく耳にしますし、私自身も大学においてそれを実感します。その理由としては夏季休暇の短縮化、授業出席の厳格化、資格取得（おもに学芸員と教員）のための単位数増加などによる発掘調査経験の減少が考えられますが、埋蔵文化財保護行政の魅力ややり甲斐があまり知られていないことも大きな理由の一つと考えています。本書を通じて、考古学やそれに関連する仕事の魅力が少しでも伝わればと強く期待します。

最後になりましたが、本書の執筆については以下の3文献を大いに参考にしつつ、また文化庁文化財第二課（旧. 記念物課）埋蔵文化財部門・史跡部門にご協力いただきました。心から感謝申し上げます。

稲田孝司 2014『日本とフランスの遺跡保護──考古学と法・行政・市民運動──』（岩波書店）

和田勝彦 2015『遺跡保護の制度と行政』（同成社）

坂井秀弥 2020「戦後遺跡保護の成果と文化財保護法改正の課題」『歴史学研究』998（績文堂出版）13～24頁

なお、埋蔵文化財と考古学の関係性を考える上で、ある意味本質的部分ともいえるその人間関係についてコラムを一本作成しましたが、本文中には馴染まないため最後に持ってきました。

コラム21　かつて考古学は体育会系だった

かつて考古学は、よく体育会系といわれていました。その理由としては、発掘調査自体が肉体労働そのものであること、先輩後輩の上下関係がはっきりしていること、そしてお酒をたくさん飲むことが挙げられます。私は1982年に大学に入学しましたが、大学院生は考古学に関する知識と技術が豊富で後輩の面倒見もよく、まさに憧れの存在でした。連れて行ってもらった発掘調査の現地説明会や展示会、さまざまな研究会の帰りには、居酒屋に寄ってちょっと一杯（半ば強制的なこともありましたが……）。そこで聞く先輩のお話は、考古学のことであったり、大学の授業のことであったり、恋愛事情のことであったりと、まさに人生勉強の縮図のような場でした。「考古学エレジー」（町を離れて野に山に♪遺跡求めて俺たちは♪夕べの星見てほのぼの思う♪遠い昔の物語♪ああ物語♪）をはじめいくつかの替え歌も教わりました。また、埋蔵文化財保護行政で働くOBが研究室に来られた時など、研究室の空気がいつもと違ってピンッと張りつめ、OBと大学院生の会話などをその横で緊張しながら聞いたものでした。

行政の発掘現場に行くと、数十人の作業員を従え発掘調査をガンガン進める埋蔵文化財専門職員の姿はカッコよく輝いてみえました。憧れの存在です。当時はまだ埋蔵文化財専門職員の採用枠が少ない時代であっただけに、将来この仕事に就けたらなぁと密かに夢をみたものでした。

入門 埋蔵文化財と考古学

■著者略歴■

水ノ江　和同（みずのえ　かずとも）

1962 年　福岡県生まれ
1988 年　同志社大学大学院博士後期課程中退
福岡県教育委員会、九州国立博物館、文化庁を経て、現在、同志社大学文学部教授、博士（文化史学）
2015 年　日本考古学協会奨励賞受賞

主要著作物

『縄文時代の考古学』 1 ～12 巻、同成社、2007～2010（共編著）

『九州縄文文化の研究──九州からみた縄文文化の枠組み──』雄山閣、2013

「縄文土器の器形と文様の系譜について」『九州考古学』90　九州考古学会、2015

「日本列島の玦状耳飾」『考古学雑誌』102-1 日本考古学会、2019

2020 年 10 月 16 日初版発行
2023 年 6 月 15 日第 3 刷

著　者　水ノ江和同
発行者　山脇由紀子
印　刷　亜細亜印刷㈱
製　本　協栄製本㈱

発行所　東京都千代田区平河町 1-8-2 山京半蔵門パレス　㈱同成社
TEL 03-3239-1467　振替 00140-0-20618

ISBN978-4-88621-852-0 C1021